中国古代十大思想家

启蒙先驱者黄宗羲

李朝阳　主编

黄河出版传媒集团
阳　光　出　版　社

图书在版编目（CIP）数据

启蒙先驱者黄宗羲 / 李朝阳主编. —— 银川：阳光出版社，
2016.8（2020.12重印）

（中国古代十大思想家）

ISBN 978-7-5525-2942-5

Ⅰ.①启… Ⅱ.①李… Ⅲ.①黄宗羲（1610-1695）
－哲学思想 Ⅳ.①B249.3

中国版本图书馆CIP数据核字(2016)第214681号

中国古代十大思想家　启蒙先驱者黄宗羲　　　李朝阳　主编

责任编辑　金小燕
封面设计　民谐文化
责任印制　岳建宁

黄河出版传媒集团
阳　光　出　版　社　出版发行

出 版 人　薛文斌
地　　址　宁夏银川市北京东路139号出版大厦（750001）
网　　址　http://www.ygchbs.com
网上书店　http://www.shop129132959.taobao.com
电子信箱　yangguangchubanshe@163.com
邮购电话　0951-5047283
经　　销　全国新华书店
印刷装订　河北燕龙印刷有限公司
印刷委托书号　（宁）0019180

开　　本　710 mm×1000 mm　1/16
印　　张　9
字　　数　174千字
版　　次　2016年11月第1版
印　　次　2021年1月第2次印刷
书　　号　ISBN 978-7-5525-2942-5
定　　价　27.00元

前　言

在中华民族长达五千年的历史长河中，勤劳勇敢的中国人凭借自身的聪明才智，创造了曾经领先于世界的古代物质文明，也创造了处于世界前列的古代精神文明。中国优秀的传统文化源远流长，深深根植于中华民族生存和发展的"土壤"中。

中华文化之所以能够屹立于世界民族之林，其原因是多方面的，其中十分重要的一点，就是智慧的中华民族，在长期的生产活动、社会活动、思维活动的过程中，逐渐创造、积累和发展了具有以生生不息的内在思想活力为核心的优秀传统文化。这些是"中华魂"的一个表现方面，是国学不可或缺的一个部分，是中华民族伟大而坚强的精神支柱，是民族凝聚力和生命力之所在，是亿万炎黄子孙引以为豪的无价之宝。

当然，我国的传统文化既有精华，又有糟粕。因此，我们持全盘肯定或全盘否定的态度是不对的。而一知半解、信口开河或以漠然的态度对待我们宝贵的传统文化同样也是不对的。

经过了一个多世纪的巨大的社会实验的验证，我们终于明白了一个道理：发展并不是一味地摒弃过去，发展的障碍往往是对过去的不屑一顾。也就是说，为了更好地走向未来，我们不能同过去的一切彻底决裂，甚至将过去彻底砸烂；而应该妥善地利用过去，在过去这块既定的地基上构筑未来大厦。如果眼睛高于头顶，只愿在白纸上构筑美好的未来，那么，所走向的绝不会是真正的未来，而只能是空中楼阁。

那么，我们该用怎样的态度去对待我们的传统文化呢？

1. **取精华，弃糟粕。** 对待中国传统文化，就应该持辩证否定的态度，就像筛选谷物一样，去粗取精，去伪存真，就不会犯"要么肯定一切，要么否定一切"的形而上学错误。研究、分析中国的传统文化不是过多地探讨古人具体离奇的故事，而应有选择地学习民族精神中的独特优点和汲取精华部分。

例如儒家的"三纲五常"，如果依现代人看来，明显是糟粕，但是"三纲五常"最初的含义则是要我们对长辈、父母有一颗感激的心：比如"父为子纲"是发展到了一种极端的状况，开始的时候只是一种心灵的活动，父母养育子女，子女应该懂得感激和回报。这样，双方的心灵就会有一种互动，感受到对方的心意，这时，"情"才会出来，这就是性情的学问。如果从这个角度而言也有其可取之处的。再例如"君为臣纲"，封建社会要求臣下愚忠于皇帝，但皇帝是封建最高统治者，用皇帝的"朕即国家"来说，那也是爱国，忠君是糟粕，爱国却永远正确。

2. **淡形式，重内容。** 形式和内容的关系是复杂的：同一内容，由于条件不同，可以有多种形式；同一形式也可以表现不同的内容；新内容可以利用旧形式，旧内容也可以利用新形式。内容与形式的关系并不是并列的、没有主从之分的，在两者之间，内容起着主导的、决定的作用。内容决定形式，形式为内容服务，这是文学作品内容和形式的一般关系。

我们学习传统文化也是如此，"师古不泥古，师古不复古"，并不是穿汉服、行官礼才是传统文化。学习传统文化要重在领会传统文化的精神和思想理念，其目的是为了滋养人格，领悟思想，改善行为。

3. **既传承，又创新。** 创新，是传承基础上的创新，继承也是创新基础上的继承。继承传统的目的并不是固守传统，而在于推陈出新。创新是继承中的变革，渐进中的变革。传统文化要"古为今用"，弘扬传统文化时要注意传承，更要创新。

4. **先要学，后要用。** 孔子说："学而不思则罔"。学习重在学用结合。只有学用结合，才能取得良好的学习成果。与纯粹的历史学不一样，弘扬中国传统文化有追求现实进步的含义，是"扬善"和"留美"，既要学，更在用，不是"坐而论道"，这是传统文化在新时期的价值归宿。即使是提倡"清静无为"的道学，老子在《道德经》中也是倡导"以正治国、以奇用兵、以无事取天下",而不是一味在书房朗诵"道可道,非常道"。

儒家的"上善若水,厚德载物"思想,完全"古为今用"。其大致意思是:人的善心应该像水一样。水善于滋润万物而不与万物相争,停留在众人都不喜欢的地方,因此最接近于"道"。最善的人,最善于选择地方,心胸善于保持沉静而深不可测,待人善于真诚、友爱和无私,说话善于恪守信用,从政善于精简处理,能把国家治理好,做事能够善于发挥所长,行动善于把握时机。最善的人所作所为正因为有不争的美德,因此没有什么过失,也就没有咎怨。

"上善若水,厚德载物"也是现代很多企业价值观的核心。结合现代企业而言,企业所提供的产品或者服务本身就是服务于民众,解决社会的一些供求矛盾,而不是单纯的利润追求,这本身就是为善。当他们在为社会和民众服务得到一定的利润后,继而考虑把利润中的一部分拿出来继续投入到社会的发展中去,当然这也包含企业投入成本提高服务的品质或者产品的科研开发等等,而更重要的是很多企业也把很多的利润拿出来为社会的公益事业服务。

在物质欲望极度膨胀、科技文化高度发达的现代社会,许多人陷入了超重的生活而不自知。所以,现代人寻找精神家园、追寻生命的本真、探索思想的原始呼声就越来越高。

纵观我国古代思想史,最有成就和影响最大的十位思想家是老子、孔子、孟子、庄子、荀子、董仲舒、朱熹、王阳明、黄宗羲、王夫之。他们的思想反映了中国古代思想发展的主要线索。

在本套丛书中,我们深入浅出地分析了中国古代对后世影响最深远的十大思想家的思想观念,力图呈现他们的思想特质。我们萃取他们的人生智慧,以期对现代人有所启迪。有人在怀疑古代思想家的智慧是否已经过时了,我们要说的是:古代十大思想家的智慧不会过时,历史的风雨不会使他们的智慧褪色。他们的智慧是人类的大智慧,既然是人类的大智慧应当属于所有的时代。他们的很多思想精髓能够滋养我们的精神,他们的很多人生智慧都能帮助我们解决现实的人生问题。

十大思想家似人世间的棋艺高手，以人世间的大智大慧将做人原则和治世理念，生存体验与生活智慧，精神境界和价格修养等等摆在一张棋盘上，不断变幻出深奥的棋局。他们以人性的目光关注纷繁复杂的社会人情，他们看重道德修养，他们的思想影响着中国封建社会几千年的礼乐文化、政治文化、制度文化、伦理道德、思维方式、价值观念、风俗习惯甚至治国安邦的总体思路。这些都是我们中华民族宝贵的精神财富。

让我们一起来聆听圣哲教诲，汲取人文给养吧！

目　录

第一章　黄宗羲一生轨迹

黄宗羲一生跌宕起伏，充满了传奇色彩。在晚年《黄宗羲全集·怪说》中自述自己尝历九死一生，清廷"自北兵南下，悬书购余者二，名捕者一，守围城者一，以谋反告讦者二三，绝气沙埠者一昼夜，其他连染逻哨之所及，无岁无之，可谓濒于十死者矣"。"初锢之为党人、继指之为游侠、终厕之于儒林"大致构成黄宗羲一生的三个阶段。

黄宗羲生长于书香小康之家，父亲黄尊素为明万历四十四年（1616 年）进士，明熹宗时曾任御史，为东林党名士，后因弹劾阉党魏忠贤被害。崇祯帝即位后，年仅 19 岁的黄宗羲，袖藏铁锥，孤身赴京为父讼冤，在刑部大堂当场锥刺魏忠贤死党许显纯等，轰动朝野。

明清更代后，黄宗羲高扬民族气节，投身于武装抗清的斗争，并表现了卓越的军事才能。抗清失败后，黄宗羲以清醒的头脑对国家兴亡、历史变革进行了一系列深刻反思。黄宗羲一直隐居乡间，清廷诏征博学鸿儒，聘他预修《明史》，他三次坚辞不就，致力于探讨经国济世的实学，整理和研究祖国文化遗产。

黄宗羲后半生主要从事著述，但也并没有完全脱离政治。他同清廷的关系，由对抗、不合作到基本顺从，这也影响了他政治意识的变化。康熙三十四年农历七月初三日（公元 1695 年 8 月 12 日），久病不起的黄宗羲与世长辞。他在病中曾作《梨洲末命》和《葬制或问》，嘱家人丧事从简，以实际行动向传统陋习发起挑战。

黄宗羲在临终的前四天曾给孙女婿万承勋写过一封信，信中写道：总之，年纪到此可死；自反平生虽无善状，亦无恶状，可死；于先人未了，亦稍稍无歉，可死；一生著述未必尽传，自料亦不下古之名家，可死。如此四可死，死真无苦矣！这也可说是他自己的"盖棺定论"了。从黄宗羲一生业绩看，他作为一个思想家、著作家的历史地位，确实是"不下古之名家"。

东林遗孤

公元1610年9月5日，黄尊素一家喜事临门，热闹非凡。夫人姚氏喜得贵子，为这诗书传久远的大家族又添了一脉。据说，儿子降生前夕，姚氏曾梦见麒麟入怀，所以，父亲尊素就为新生儿取了个乳名叫"麟儿"。不过，这个后来改学名为黄宗羲的人，其一生历程却布满荆棘：少年时期，父亲即遭迫害，惨死狱中，成年之后更是历尽艰辛，既饱尝战乱兵燹，又几经官府追捕，"濒于十死"而患难余生，可以说丝毫也没有蒙受到这个吉兆佳名的呵护。尽管如此，当黄宗羲最后成为一代大儒后，后人便依旧附会一些比较离奇特殊的传说到这样的传奇人物身上。

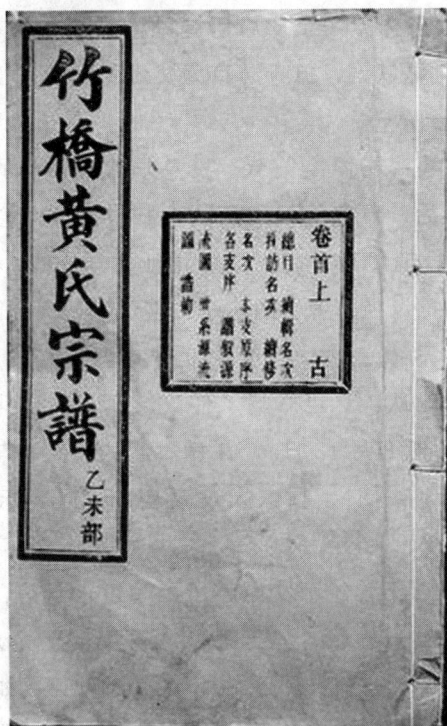

竹桥黄氏宗谱

据说，黄宗羲生下来就睿智聪慧，左右额角各有一个像钱币一样的红黑痣，也就是民间常说的"日月痣"，相貌古朴，说话略微有些口吃，且力大过人。这些传说的共同表征，就是这个孩子将来必是一位文武双全的人物。

南宋以前，黄竹浦还是一个人迹鲜至的地方。据《竹桥黄氏宗谱》记载，黄氏原居婺源（今属江西），其先人南宋初年为庆元（今浙江鄞县）通判。宋高宗建炎四年（1130年），金兵南侵，守臣弃城而逃，黄通判率领军民坚守城池，无奈寡不敌众，最后被金人俘获，不屈而死。黄通判有三个儿子，分头避乱。其中次子名万河，字时通，号鹤山，一开始到了慈溪竹墩，继而辗转到余姚，并在竹桥定居下来，"躬耕给食，避难全身"，成为竹桥黄氏的一世祖，尊称安定公。几代繁衍下来，竹桥黄氏逐渐衍生出李家塔、白鹤桥、周家埠、后新屋、前园、石柱、畈头七个支派，至李家塔一支黄宗羲出生时已历十七世五百年。

竹桥黄氏第七世叫黄文茂，字茂卿，始登泰定甲子（1324年）进士第，授余姚州判。有三个儿子：黄德彰，至顺庚午（1330年）进士，任浙江宣司；黄德顺，以制举授鄞县教谕；黄德泽，武举，以都元帅镇定海。第九世为洪武庚午（1390年）贡士，北平道御史。后来与同乡陈子方以身殉国，临终曾赋诗一首：

> 为臣真欲效全忠，
> 岂料翻成与叛同。
> 北狩缘藏青史笔，
> 南还犹是白头公。

竹桥黄氏第十世名叫黄珣，字廷玺，成化辛卯（1471年）乡试居榜首，登辛丑（1481年）进士第二名，最后官居至南国子监祭酒，卒后谥号"文僖"。第十一世黄堂，字勉敬，号南浦，弘治壬戌（1502年）进士，拟第一甲，不幸还未等皇帝殿试向外宣告三甲名单便夭亡了，乡人至今称他为黄探花。黄嘉爱，字懋仁，号鹤溪，正德戊辰（1508年）进士，曾师从王阳明，卒官钦州。黄嘉会，字懋礼，号履斋，弘治辛酉（1501年）中举人，知金溪县。另有黄嘉仁，号半山，诗风清新，不加雕绘，有自然之色。第十二世黄尚质，号醒泉，嘉靖己酉（1549年）中举人。黄夔，字子韶，嘉靖乙卯（1555 年）贡元，也师从王阳明在绍兴稽山书院学习。第十三世黄稔，号东河。

竹桥黄氏第十四世，也就是黄宗羲的曾祖父，叫黄大绶，号对川，为人精敏。他十五岁时，曾掌管官库，同行老吏都没能欺负他。黄大绶一直都没当过官，只是一个种田的行家里手，"乡人所治肥美，不能当公之硗者"。村里每有纠纷，"自公所曲直者，退无异辞"。因而，又是一位受人尊敬的乡里长老。同乡有人会看相，看出他的孙子黄尊素将来必是达官贵人，就开玩笑地问他：他日你孙子当了官，如果要追封你的话，你认为将来会封几品官呢？黄大绶说道："三品。"后来黄尊素英年早逝，时为七品，同乡老友就说黄大绶之前猜得不准，因为还没到可以追封祖辈的官级。没想到过不了多久，朝廷就追赠黄大绶官居三品，追封为太仆寺卿，果然被其祖父料中。只可惜，黄宗羲在四岁的时候，曾祖父就过世了。

黄大绶偶尔也写诗，现在流传的不多，不过诗风清丽，却能从流传下来的不多的诗句中窥见一斑。比如：

远眺
——初秋登凤凰山

斜日辉悬凤岭西，登临景色美和溪。

碧环翠嶂桐枝老，香满平畴稻粒齐。

一望人烟含远照，数行雁阵落长堤。

愧无好句酬风物，聊把秋光入品题。

宗羲的祖父黄曰中，号鲲溟，清修《浙江通志》中有他的传记。黄曰中是读书人出身，以教书为业，一生虽没有考中功名，但在浙东一带却很有些名气。"以易为大师，五经、左氏、内外传、国策、庄、骚，随举一句，应口诵其全文。与人言，亦必原本经传。""三吴弟子经其指授者，皆为名士。""诸生应试，以文先定其次第，无不奇中。"

黄曰中为人狷介，嫉恶如仇。当时，许多乡官凭借自己府衙有人，在地方上横行霸道，弄得官府和百姓都不得安宁，黄曰中却是例外，他从不与官府中人来往。黄尊素冤狱而死后，家里举行丧礼，知县大人亲来吊唁。黄曰中也丝毫不给面子，说："此郊吊也。明府以春秋起家，岂宜有此？"

黄曰中有四个儿子，长子尊素、次子等素、三子符素、四子葆素。尊素（1584—1626年）即为宗羲的父亲，初名则灿，字真长，号白安，是一个正直并且关心时政的读书人。万斯大所著《梨洲先生世谱》中这样记载他的一生："天启间官御史，劾魏忠贤、客氏，削籍。三吴讹言翻局，以公为主；逆奄忌而害之。赠官，赐祭葬，谥忠端。"

明熹宗天启年间（1621—1627年），上承嘉靖、万历，已是风雨飘摇、分崩离析的前夜。建州女真首领努尔哈赤崛起白山黑水之间，万历四十四年（1616年）建国称汗后，声势日盛，屡屡攻扰辽东，且随时都有叩关南向的可能；而明朝却武备松弛、将骄兵惰，卫所制度名存实亡，甚至有的地方兵员不及定额的一半，连军器也仅仅只有一张弓而已！庸儒的熹宗皇帝朱由校非但不思励精图治，反倒过着"每夕必饮，每饮必醉，每醉必怒"的生活，宠信太监魏忠贤，听其擅专国政，广植党羽。官僚集团中则上自内阁六部，下至四方督抚，大批趋炎附势者竞相奔走奸宦之门，阁臣魏广微呼忠贤为叔，给事中阮大铖、礼部尚书顾秉谦、太常卿倪文焕等拜忠贤为父，此外还有"五虎、五彪、十狗、十孩儿、四十孙"等，共同形成既丑恶又凶残的"阉党"，造够了罄竹难书的无边罪孽。与之对立的，便是东林党。

所谓"东林党"，其实始终不曾是一个有纲领的政党式团体，也并未真正结党，既没有固定的章程，也没有严格的组织形式，其实质只是一个带有政治色彩的学术集群而已。他们政治见解大致相同，在政治活动中也经常结合在一起。"东林党"这个称谓，是由阉党为打击这个学术团体而强加的。

万历三十二年（1604年），被革职还乡的顾宪成在常州知府欧阳东凤、无锡知县林宰的资助下，修复宋代杨时讲学的东林书院，与高攀龙、钱一本、薛敷教、史孟麟、于孔兼、于允成等人，讲学其中，"讲习之余，往往讽议朝政，裁量人物"，其言论被称为清议。东林书院原本是宋代大儒程灏、程颐两兄弟的高徒杨时所创立，是"二程学说"正宗嫡传的讲学场所。顾宪成重修东林书院时，十分明确地宣布他是讲程朱理学的。顾宪成因此也被后人称为东林先生。一幅传承数百年的名联"风声、雨声、读书声、声声入耳；家事、国事、天下事，事事关心"

就是出自他的口中。

明代中叶以后的思想学术界，王阳明的学说极为流行。然而王学末流的通病是空谈心性，放诞而不务实学。东林学派的兴起，标榜气节，崇尚实学，对于扭转士风起了积极的作用。《明史·高攀龙传》中说："初，海内学者率崇王守仁，攀龙心非之。与顾宪成同讲学东林书院，以静为主，操履笃实，一出于正，为一时儒者所宗。"东林书院这种政治性讲学活动，形成了广泛的社会影响。当时，不少怀抱道义而不被当政者所接纳的士大夫退归林野，东林书院的重建使他们找到了知音，因此都争相前来，有"三吴士绅"，在朝在野的各种政治代表人物孙丕扬、邹元标、赵南星等，东南城市势力，某些地方实力派等，使得"学舍至不能容"。时人称之为"东林党"。

明神宗朱翊钧统治后期，宦官擅权，倒行逆施，政治日益腐化，社会矛盾激化。针对这一现象，东林党人提出反对矿监税使掠夺、减轻赋役负担、发展东南地区经济等主张。他们还主张开放言路、实行改良等针砭时政的意见，得到当时社会的广泛支持，同时也遭到宦官及各种依附势力的激烈反对。

东林党人往往不畏强权，为民请命，大胆弹劾朝中权贵。对于后妃干政和宦官专权，东林党人始终加以反对，哪怕是削职罢官，逮捕问罪也坚持不改。在"争国本"事件和以后发生的"梃击""红丸""移宫"三案中，东林党人都从维护皇权的立场出发，坚持反对郑贵妃、李选侍干政，公开抨击危害皇太子、皇帝的行为，主张严厉追查三案的当事人及其幕后主使者。

东林党人把讲学同政治活动结合起来，把关心国事当作自己的座右铭，身体而力行之。他们继承并且大大地发扬了历史上正直的知识分子的优良传统，要求澄清吏治，改革弊政，敢于为民请命，坚决反对恶势力，为了国家民族的命运，甘愿赴汤蹈火，万死不辞。400年来，东林党的事迹传诵不绝。其中，刚直敢言、深谋远虑的黄尊素，是东林党的一位重要人物。

黄尊素于万历四十四年（1616年）中进士，是竹桥黄氏李家塔支中第一个考取功名的人。他自幼接受正统儒学的熏陶，胸怀修身齐家治国平天下的大志，而父祖辈刚正不阿的品质，在他的身上又得到了潜移默化，因而自入官场，他便与那些蝇营狗苟、假公济私、昧心做官之流不同。

万历四十五年（1617年），黄尊素出任宁国府推官，这是他政治生涯的起点。宁国府属南直隶管辖，与国子监祭酒宣党首领汤宾尹的家乡宣州毗邻，当时汤宾尹虽已免官还乡，但门生满天下，声焰依然不小，一些地方官员处事办案，"投牒者出祭酒所判，有司判之一如祭酒"。这种情况已沿袭成风。有一次，黄尊素正受理一桩案宗，果然就有人拿出汤宾尹的名帖给他，希望按他们的意思办理。黄尊素偏不信这个邪，当场将他的名牒撕个粉碎，并将送牒者赶出公堂，狠狠地挫折了宣党的嚣张气焰。

天启三年（1623年），黄尊素荣升京官，授山东道监察御史。此时，朝中东林党人与阉党的斗争已白热化。因意气志趣相投，就任京官不久，朝中东林党的领袖人物如杨涟、左光斗等人，便经常到黄尊素家里，共议时局，为阉党搞乱朝政忧心如焚，商讨对付阉党的办法。

天启四年（1624年）正月，黄尊素义无反顾地就东林党人遭受排挤打击之事，公开表示自己的不满，要求将余懋衡、曹于汴、刘宗周、周洪谟、邹元标、冯从吾、饶位等朝廷数十年培养起来的老成之士重新启用，同时弹劾追附阉党的尚书赵秉忠、侍郎牛应元、通政丁启睿等人。

二月，黄尊素再次上疏，针对熹宗在位数年，从不召见大臣的做法，提出要恢复先朝便殿召对的旧例，君臣面决大政，或于经筵之暇，面商可否。三月，京师发生三次地震，黄尊素紧紧抓住这次直言进谏的良机，三度上奏，力陈时政十失，明确提出"陛下厌薄言官，人怀忌讳，遂有剽窃皮毛，莫犯中扃者。今阿保重于赵娆，禁旅近于唐末，萧墙之忧惨于敌国。廷无谋帷，边无折卫。当国者昧安危之机，误国者护耻败之局，不于此进贤退不肖，而疾刚方正直之士如仇，陛下独不为社稷计乎"？黄尊素几次三番上疏，激起了魏忠贤大怒，要处以廷杖之刑，幸亏韩爌力救，最后改为夺俸一年，才算了事。

同年六月，左副都御史杨涟奏劾魏忠贤二十四大罪状，把反对魏忠贤的斗争推向了高潮。黄尊素虽在事先曾指出这一行动欠妥、结局不容乐观，但仍然继杨涟之后上疏劾魏，以为声援，力陈"天下有政归近幸，威福旁移，而世界清明者乎"？结果受到"传旨切责"的处分。紧接着，李应升、魏大中、袁化中等许多正直的朝臣，以及国子监全监师生千余人，也纷纷上疏，弹劾魏忠贤。杨涟、黄尊素等人的奏疏触到了魏忠贤的痛处，使他十分恐慌。为了报复，魏忠贤将奏劾者之一、刑部郎中万燝，处以廷杖，毒打致死，借以立威。但这次弹劾他的朝臣有70余人，先后上疏百余件，声势浩大，再说东林党人在朝中还有一定权力，所以他还不敢立即进行大规模的反扑，而是先将东林党人逐出朝廷。阁臣叶向高、刘一燝、韩爌，吏部尚书赵南星，左都御史高攀龙，吏部侍郎陈于陛，副都御史杨涟，左金都御史左光斗，巡抚李三才，光禄寺少卿顾宪成，御史方震孺等东林人士相继被罢官削籍，朝中要职尽为阉党握持。朝中形势发生了巨大的转折。

天启五年，魏忠贤大举反扑，逮东林党杨涟、左光斗、魏大中、袁化中、周朝瑞、顾大章六人下狱，乃借边事加以陷害，逼迫东林党人汪文言诬陷杨涟、左光斗等人在"封疆案"中曾接受杨镐、熊廷弼的贿赂。汪文言被毒刑迫害致死。杨涟等六人也均死于狱中，时称为"六君子"。二月，阉党工部主事曹钦程率先上疏弹劾黄尊素，攻击他"专击善类，助高攀龙、魏大中虐焰"，说他是东林党人的护法，另一位阉党成员惠世扬也四下扬言："诡行颇僻之刘宗周，狠心辣手之黄尊素"。黄尊素随即被削去官籍，遣返余姚故里。

谁知，此时谣传四起。吴中（今属苏州市）一带到处宣扬说黄尊素要效法正德年间大学士杨一清诛杀太监刘瑾的故事，利用苏杭织造太监李实充当张永的角色，内外结合，一举诛去魏忠贤。黄尊素的机智和富有策略，曾几次使阉党罗织罪名迫害东林的企图未能得逞，因而早被对方目为"狠心辣手"，必欲去之而后快。于是，魏忠贤决定先下手为强。他派人赶到吴中，乘提督苏杭织造太监李实不备，盗出空白印信，填上前应天巡抚周起元、左都御史高攀龙、吏部员外郎周顺昌、谕德缪昌期、御史李应昇、周宗建和黄尊素等七人的名字，称他们"俱系吴地缙绅，尽是东林邪党"，并且全部扣上贪污公款的罪名。时为天启六年（1626年）三月。魏忠贤再度兴大狱，当锦衣卫至苏州逮捕周顺昌时，引起民众公愤，士民数万人围殴缇骑，势如山崩，当场打死一人，其余差官仓皇逃匿。这天，往浙江捕黄尊素的锦衣卫旗校恰好泊舟城外，也被愤怒的民众驱逐，"诸旗卫仅以身免，行李公文及所乘船只都被沉之于河"。当时有人劝黄尊素，说：抓人的公文已经遗失，锦衣卫也不敢露面，这正是亡命出逃的好机会，尊素却说："抱头鼠窜，岂免一死？昂首伸眉，落得骨头香耳！"于是慨然投案。被诬陷的七人中，除高攀龙一人闻缇骑将至，具衣冠在家中投池而死之外，其余六人全部在狱中惨受酷刑而死，时称"后七君子"。

这年，黄宗羲17岁，成了东林遗孤。父亲的绝命诗成了留给他最后的纪念：

正命诗

正气长留海岳愁，浩然一往复何求。

十年世路无工拙，一片刚肠总祸尤。

麟凤途穷悲此际，燕莺声杂值今秋。

钱塘有浪胥门目，惟取忠魂泣髑髅。

锥刺阉党

黄宗羲自幼在父亲身边长大。万历四十三年（1614年），父亲坐馆于甬上洞桥董家，年仅6岁的黄宗羲便随从就学。8岁时，随父到直隶宁国府任上。天启二年（1622年），13岁的黄宗羲由父亲带回家乡余姚，赴绍兴参加童子试。第二年春，黄宗羲补为浙江仁和县（今属杭州市）博士弟子员。之后父亲擢升京官，又随父进京。京城岁月，不仅使他开阔了眼界，浏览了许多经籍和小说，而且使他对云波诡谲的政治斗争情况也时有耳闻，这对他后来的成长影响很大。全祖望《梨洲先生神道碑文》就这样记载："忠端公（黄尊素）为杨（涟）、左（光斗）同志，逆阉势力日张，诸公昕夕过从，屏作左右论时事，或密封急至，独公（黄宗羲）侍侧，益得尽知朝局清流浊流之分。"父辈那种为国事激昂慷慨、奔走呼号的斗争精神令黄宗羲深受感染，在了解朝局清浊、认识到政治斗争的残酷复杂的同时，他埋下了对东林党人的崇拜和对阉党仇恨的种子，也领略到了立身处世的基本准则。

父亲自首的路上，黄宗羲一直送到绍兴府城。临别时，父子两人都意识到，这恐怕是他们的最后一别。黄尊素抑制着难言的痛苦，嘱咐儿子，一定要认真读书，要努力钻研历史书籍，借以了解古今治乱的情况，并命他拜著名学者绍兴刘宗周为师。黄宗羲把这些话牢记在心，对他后来的求学道路产生了极为重要的影响。

黄尊素入狱后，锦衣卫镇抚理刑许显纯亲自罗织周纳，诬陷黄尊素"受贿银二千八百两"，五日一审，榜掠备至。闰六月初一日，一片刚肠、坚贞不屈的黄尊素惨死狱中，年仅43岁。同时被捕入狱的周顺昌等人，也被许显纯以极其残暴的手段先后害死。凶讯传到余姚，不啻于是一个晴天霹雳。祖父黄曰中为使黄宗羲牢记国恨家仇，在他每天进出门口必经的墙上写下"尔忘勾践杀尔父乎"八字来激励他。母亲姚氏也每夜向北辰而拜，祈声祷祝先夫，每当儿子前来相劝，也总是告以"汝欲解我，第无忘大父拈壁书耳"来提醒他。

在父亲罹难后，灾难接二连三地来到无辜的家庭。先是阉党强加于人的所谓二千八百两赃银，还要家人一分不少地交纳。然而黄尊素生前为官清廉，历官时间又不长，家中一直都很贫苦，此时更是家徒四壁，哪里还有这许多钱。幸亏有生前故旧和众邻里的共同帮助，才勉强渡过这一难关。接着，岳父叶宪祖也因开罪阉党被削职。叶宪祖（1566—1641年），字美度，一字柏攸，号桐柏，别号六桐，又号槲园居士，亦称紫金道人，明晚期剧作家。据说他一曲脱稿，即有伶人上演。有记录的剧作有杂剧二十四种，传奇五种。现存杂剧十二种、传奇二种。天启七年（1627年）二月，时任工部主事的他，对阉党为魏忠贤遍立生祠极为不满，曾就临长安街所建生祠与同僚戏称"此天子走辟雍道也，土偶岂能起立乎"？才刚新婚三个月便遭受父死冤狱之灾的年轻夫妇，一年之内又连遭横祸。

同年八月，明熹宗朱由校驾崩，信王朱由检即位，是为明思宗。他想挽救垂危的明王朝，"励精图治"。十月，罢免魏氏得力干将、名列"五虎"之首的兵部尚书崔呈秀，并将其逐出京师，令回原籍居住；十一月，宣布魏忠贤十大罪状，阉党分子阮大铖、许显纯等纷纷自请免职；同时将将魏忠贤赶出大内，押往凤阳"看守皇陵"。魏忠贤见大势已去，这才收拾停当，带上珍宝40车、骏马千匹，还有800"壮士"随从护卫，前呼后拥，迤逦南行。崇祯皇帝又向天下公布魏阉之罪，说"逆恶魏忠贤，擅窃国柄，诬陷忠良，罪当死，姑从轻发凤阳；乃不思自惩，素蓄亡命之徒，环拥随护，势若叛然。命锦衣卫逮治"。魏忠贤行至阜城（今属河北），闻知此讯，确信死灰已难复燃，于是自缢身亡；崔呈秀自知难逃法网，乃"列姬妾、罗诸奇异珍宝，呼酒痛饮，尽一口即掷坏之"，然后也上吊自杀。客氏和一批阉党的首要骨干人物，或伏诛、或下狱、或削籍，同时明思宗宣布免去天启朝被逮死的诸臣的"赃款"，开释前朝"罪臣"家属。十二月，明思宗又将逆党田尔耕、许显纯等人逮捕下狱。

崇祯元年（1628年）正月，消息传到余姚，十九岁的黄宗羲便袖藏利锥，怀带诉状，只身上京替父伸冤，开始了他游侠的生活。

初到京城，首先要解决的是父亲的谥典问题。由于阉党余孽从中作梗，一开始并不顺利。黄宗羲充分发挥了他的社会活动的本领，四下奔忙，请一些正直的官员主持公道。在合肥金光辰、江西万时华、泰州李清等人的鼎力相助下，三月，黄尊素获赠大中大夫太仆寺卿，正三品，予祭葬，赐葬费白银三百两，祖、父如所赠官，荫子一人。已故东林党人邹元标、高攀龙、左光斗等各赠荫有差。

黄宗羲谢过皇恩，但并不打算就此回乡。他立即上疏朝廷，请求追究魏党余逆。于是朝廷下旨刑部，究治许显纯、李实、李永贞、刘若愚、崔应元、曹钦程一伙。当时，一批阉党干将已逮捕下狱。五月，刑部会审阉党"五彪"成员锦衣卫都指挥使许显纯和锦衣指挥崔应元。许显纯名列"五彪"，是魏忠贤心腹爪牙之一，东林党前后"六君子"的冤狱都系他一手罗织，前后"六君子"的"供状"全是他一手伪造；崔应元则参与了许显纯所有这一切罪恶活动。黄宗羲入公堂对质。阉党分子许显纯为自己诡辩说是皇后外甥，以免受死罪。黄宗羲说："许显纯与阉党构难，忠良尽死其手，当谋逆同罪。犯谋逆罪，即使亲王宸濠也不能免死，何况皇后之外亲乎？"当堂用所藏长锥猛刺许显纯，使之"流血蔽体"。崔应元也遭一顿暴雨般的拳头痛打。刑部最后判决许显纯二人同处斩刑。

之后，在亲手杀害黄尊素等人的狱卒颜咨、叶文仲两名刽子手的会审大堂上，黄宗羲和吴江（今江苏吴江县）周中建之子周延、光山（今河南光山县）夏之令之子夏子承三人，一起冲上前去，对两人拳打锥刺，当场将其毙命。东林遗孤大闹公堂，虽使公堂秩序一时大乱，但由于一干阉党成员作恶多端，人人痛恨，故而非但没有对他们进行追究，反而一时成为佳话。

六月，太监李实、刘贞、刘若愚被提上会审大堂，是此次平反冤狱后续过程的最后一次审讯。李实辩解自己无辜，说是魏忠贤盗取了他的空白印信交由李永贞填写，自己并不知情。而之前，李实曾于半夜悄悄遣人送三千两银子到黄宗羲手上，要求会审时帮忙说话，日后私了。黄宗羲自然大义凛然，不为金钱所动。这次，他再闹公堂，报以利锥，将其刺伤，并把那夜行贿之事揭露出来，当堂质问："当今日犹所赂贿公行，其所辩岂足尽信？"经过公堂调查，查实元凶的确是李永贞，按律将其论斩。然而李实尽管没有直接插手陷害黄尊素的事件，但以往也作恶多端，最重要的，犯了知情不报之罪，故而以末减论处。

惩治完害死父亲的凶手之后，黄宗羲偕同被害朝官子弟，在诏狱中门设祭，祭奠忠魂。一时间，香烟缭绕，哭声震天。思宗闻知，也为之动情，说："忠臣孤子，甚恻朕怀！"黄宗羲也由"罪臣余孽"一变为"功臣遗孤""黄孝子"，而名闻天下。据邵廷采所撰《遗献黄文孝先生传》记载：

> 当是时，先生义勇勃发，自分一死冲仇人胸。会审之日，观者无不裂眦变容。当是时，姚江"黄孝子"之名震天下。事定还里，四方名士无不停舟黄竹浦，愿交孝子者。

事后，黄宗羲不受封赏，扶榇南归，将父亲的遗体安葬在隐鹤桥。黄宗羲锥刺阉党的动人事迹，轰动了北京城。这是以东林党人为代表的带有一定进步倾向的社会力量同统治阶级中最反动、最腐朽的势力之间的一场生死搏斗。人们赞佩年纪轻轻的黄宗羲竟有这么坚定的斗争决心和过人的胆略，赞扬他伸张正义、为民除害的壮举。

复社中坚

明中叶以来，士大夫集会结社之风特盛，三五同道，声气相求，即可组成团体，或者赏花赋诗、饮酒衡文，或者讥弹时政、臧否人物，已成为当时文人生涯的一个组成部分。万历之后，因为朝局清浊不定、政争频繁，这种结社也就往往更含有较浓厚的政治气息。进入天启、崇祯年间，这种社团数目更多，它们以研究时艺、揣摩风气相砥砺，为参加科举考试作准备，更广泛参与政治活动，较知名的就有应社、国门广业之社、读书社、小筑社、诗社、文社、几社、登楼社等等，不一而足。其中影响最大的，是崇祯年间成立的以张溥为首的复社，它是联合了许多小文社而形成的，故而又有"小东林"之称。

张溥（1602－1641年），字天如，号西铭，江苏太仓人，崇祯进士，选庶吉士，文学家。自幼发奋读书，《明史》上记有他"七录七焚"的佳话，与同乡张采齐名，合称"娄东二张"。两人相互砥砺，崇尚节气，切磋文理，立志改革世风日下的文坛。天启四年（1624年），二人在苏州创建应社。人员还有杨廷枢、杨彝、顾梦麟、朱隗、吴昌时等11人，后来又发展夏允彝、陈子龙、吴应箕等加入，以文会友，兼议朝政。天启六年（1626年），张溥撰写《五人墓碑记》，痛斥阉党，矛头直指腐败的明王朝的宦官和贪官。天启七年（1627年），张溥入太学，目击朝纲不振，丑类猖狂，与北京文人结成燕台社，作檄文揭发阉党罪行。崇祯元年（1628年），张溥与张采一起，在太仓发起了驱逐阉党骨干顾秉谦的斗争，所撰散文，脍炙人口，因此，"二张名重天下"。

张溥在诗文上推崇前、后七子的理论，主张复古，反对公安、竟陵两派逃避现实，只写湖光山色、细闻琐事或追求所谓"幽深孤峭"的风格。在提倡兴复古学的同时，他又以"务为有用"相号召，与前、后七子单纯追求形式、模拟古人有所区别。张溥的散文，在当时很有名，风格质朴，慷慨激昂，明快爽放，直抒胸臆。其《五人墓碑记》，赞颂苏州市民与阉党斗争，强调"匹夫之有重于社稷"，为"缙绅"所不能及。叙议相间，以对比手法反衬五人磊落胸襟，为传诵名篇。

崇祯二年（1629年），张溥联合诸文社，在吴江尹山聚会，以"兴复绝学"为号召，成立复社，史称"尹山大会"。复社是当时规模最大、影响最大的文社。作为一个文人结社，复社的盛况不仅在明朝绝无仅有，就是在历史上也是罕见的，《七录斋集·国表序》载复社活动的盛况为"春秋之集，衣冠盈路""一城出观，无不知有'复社'者"。复社除了组织集会，讨论文章之外，更重要的是继承了东林党的传统，评议朝政，抨击时弊。这从他们的宗旨"重气节，轻生死，严操守，辨是非"中就可以看得非常清楚。因此，复社的性质不是单纯的文学团体，而是带有十分鲜明的政治色彩。

崇祯三年（1630 年）春，黄宗羲奉祖母卢太夫人之命来到南京，寓居于叔父、南京应天府经历黄等素的官舍，以便参加乡试。这一年，他经好友韩上桂引荐加入南中诗社，与南中诗人韩上桂、何乔远、汪逸、林古度、黄居中、林云风、张隆甫、吴子元、周元亮、韩如璜、麻三衡、闵景贤等结下了深厚的友谊，与他们诗文唱和，相得益彰。同时，他又在南京遇上了一生的知己沈寿民、沈寿国兄弟。沈寿民后来在给黄宗羲的一封信中写道："知己之难久矣！梨洲先生之于弟，与弟之于梨洲先生，今世才一见耳。"

黄宗羲本人其实并不是特别醉心于功名。首先是因为他有一个眼界开阔、思想超前的父亲，父亲本人年轻时就注重经世之学问，而不太留意八股制艺这类专门用来敲开官场门槛的考试学。黄尊素虽然幸运地中进士，但对儿子的教育，仍然以培育其独立思考的能力为重点，并不要求黄宗羲必须将主要精力用在八股文上。黄宗羲少年时常在"完课之余，潜购诸小说观之"。他母亲知道后很生气，告诉父亲，黄尊素却不生气，反而说这类杂书对儿子"亦足开其智慧"。青年时代，黄家遭受大难，父亲惨死狱中，作为长子的黄宗羲一面四处奔波，经常往来都中，墓讼、祠讼，纷纭不已，一面照顾母亲和三个年幼的弟弟，致其有五年的时间没能静下心来好好地看些书。这次虽奉祖母之命，到底也没多少把握。沈寿民便"为之开道理路，谆谆讲习，遂入场屋"。然而仓促进考场的黄宗羲落第了，辅导他的沈寿民这次科举也是同样的命运。

这次落第后，黄宗羲在京口（今镇江）碰到了被温体仁排挤回乡的内阁大学士文震孟。文震孟，初名从鼎，字文起，号湘南，别号湛持，谥号"文肃"，长洲（今苏州）人，素有江南才子之称，明代著名诗文家，其曾祖父为画坛"明四家"之一的文徵明。文震孟科举一直不顺，十次会试失利，直到天启二年（1622 年）终于状元及第，年已 46 岁。后授翰林院修撰。崇祯元年以侍读召，改左中允，充日讲官。崇祯三年进左谕德，掌司经局。黄宗羲与文震孟同乘一船，直到苏州。中途叙话，言及这次科考，黄宗羲便将自己的试卷呈上，请身为父执辈的文起先生指教。文震孟阅后极为赞叹，"嗟赏久之"，劝导他说："后日当以古文鸣世，一时得失，不足计也。"这句话对黄宗羲影响至深。

这年冬天，经友人周镳（字仲驭，江苏金坛人）介绍，黄宗羲参加了张溥在南京召集的"金陵大会",成为复社的活跃人物之一。崇祯三年的南京乡试,是明末最有名的一次乡试,许多江南名士都在这次考试中中举,复社诸士通过这次考试集体进入人们的视野。此次乡试,杨廷枢中第一名解元,同时中举的复社人士有张溥、吴伟业、吴昌时、陈子龙,这些人又先后中进士,进入仕途。特别是第二年,张溥、吴伟业师徒同时中进士,一起进入翰林院,吴伟业会试得第一名会元,殿试为第三名探花,更是科场佳话。

这次在秦淮河的花船上举行的金陵复社大会,与会的除了黄宗羲与沈寿民、沈寿国兄弟外,几乎全是榜上有名的新科贵人,这些人都摩拳擦掌,交流经验,准备来年的会试。正可谓众士皆得意,斯人独憔悴。

早在崇祯元年,黄宗羲赴京为父讼冤时,就与张溥相遇于京师,"天如(张溥)好读书,天资明敏",就给他留下了深刻的印象。这次聚会,黄宗羲再次与张溥等人相聚,除了研讨文章学问,从中学习一些应试的经验外,更重要的是张溥曾公开宣称"吾以嗣东林也"这一拥护东林的立场,无疑成为黄宗羲的同志和知音,他也因此结交了一大帮复社成员。

复社初期,其锋芒主要指向温体仁。当时朝堂之上,"政府大僚多用攻东林者,而言路则东林为多"。这种阉党虽除、余孽延绵的局面,也是明晚期的一大腐败特征。

温体仁,字长卿,乌程(今浙江湖州)人,貌似恭谨忠厚而内心残刻,又颇具心机,巧于揣摩迎合皇帝的心意,因而很受崇祯宠信,居内阁掌朝政达8年之久。早在天启年间,温体仁就曾赋诗为魏忠贤歌功颂德,与东林党格格不入。崇祯元年十一月,朝中推举内阁大学士,礼部侍郎钱谦益名列第二,温体仁当时为礼部尚书,但资望尚浅,不在被推荐者之中。他意会到崇祯对钱谦益心存疑虑,便大张挞伐,翻出7年前已有定论的旧案,攻击钱谦益受贿、"结党欺君"。崇祯帝憎恶臣下结党,对敢于评骂朝政的东林党人不抱好感,他不查清事实,就将钱谦益革职,等候处理,一些受此事牵连的官吏如瞿式耜等都遭贬谪。而钱谦益曾被指为"东林恶党",当年阮大铖向魏忠贤上呈所谓的"点将录",将钱谦益列为"三十六天罡"中的"天巧星"。由于这些缘故,当温体仁入阁,不久又擢升为首辅而大权在握之际,"魏忠贤遗党日望体仁翻旧案、攻东林";而体仁亦"庇私党,排异己，与举朝为仇"。

第二年冬天，皇太极率后金军打到北京城下，崇祯帝中了皇太极的反间计，又听信左右佞臣的中伤诬蔑，竟逮捕了从关外千里入援的袁崇焕。内阁首辅韩爌因为是袁崇焕的老师而遭弹劾，于崇祯三年辞官。崇祯四年（1631年），受排挤的大学士孙承宗也辞官回籍。这样，东林党人失去了在中枢机构内阁中的地位。崇祯帝任用周延儒、温体仁和薛国观等一班佞臣当了首辅。崇祯帝不同于熹宗，他即位后就亲自执掌了朝廷大权。但他刚愎自用，拒谏饰非，远忠直，亲邪佞，使已经极端腐朽的明朝每况愈下。尤其对温体仁宠信有加，复社人士攻劾几无虚日，但"丑劾体仁者，无不见责；为体仁劾者，无不立罢"，于是国事日非。

南京复社大会后，黄宗羲回到余姚家乡，仍与东林、复社的朋友保持密切往来，"所居虽僻远城市，不乏四方之客"。

崇祯五年（1632年），始与陆符、万泰交往。陆符，字文虎，为人慷慨豪爽，黄宗羲曾在《思旧录》中说："余之病痛，（陆符）知无不言，即未必中，余亦不敢不受也。"万泰，字履安，胸藏万卷，性情豁达，平日侃侃而论，有陈亮、辛弃疾复生之誉，他的子孙辈中后来有多人投于黄宗羲门下。尤其为人称道的是他的八个儿子，万斯年、万斯程、万斯祯、万斯昌、万斯选、万斯大、万斯同，均以学显名，个个在文学、史学、经学等方面都有很高造诣，被时人誉为"万氏八龙"，其中史学家万斯同尤为著名。"两先生（陆符、万泰）岁率三、四至，晚潮落日，孤篷入港；见者咸知其为甬上访公（黄宗羲）兄弟之舟也。"不久，黄宗羲便与万泰、陆符及其弟黄宗炎、黄宗会等，在余姚组织了"梨洲复社"，作为复社在浙东的一个分支，积极开展活动。

崇祯六年（1633年）春，黄宗羲在杭州参加了读书社，与江浩（后改济月）、张岐然（后改济义，即仁庵禅师）同学于武林南屏山下。这年秋天，沈寿民、沈士柱邀黄宗羲同寓孤山，读书社几位"通今学古之士"都前往孤山，他们以文章风节相期许，自相师友，相互切磋。后来因为冯俨公、张岐然、江浩邀与净慈寺刘道贞定交，于是，黄宗羲就与刘同升、沈受民、沈士柱等文人全都入住净慈寺，黄宗羲跟大家一起热切地讨论《论语》《周易》，闻者有"凿空新义，真石破天惊也"之叹。同年，张溥在苏州召集"虎丘大会""山左（山西）、江左（江西）、晋、楚、闽、浙以舟车至者数千人"，规模之大，前所未见。从此，复社作为继东林之后而起的具有相当影响力的团体，出现在崇祯时代的政治舞台上，陈子龙、吴伟业、冒襄、侯方域、陈贞慧、吴应箕、顾炎武等人，全都汇聚复社旗下。

从崇祯七年（1634年）到崇祯九年（1636年），黄宗羲继专程到太仓拜访张溥、张采二位复社领袖后，又先后到长洲（今江苏苏州市）、常熟（今江苏常熟市）、宣城（今安徽宣州市）、池州（今安徽池州市）等地一一拜访了文震孟、钱谦益、冯尔赓、裴元戎、沈寿国、梅郎中、麻三衡、徐律时、颜庭生、刘诚等人。

崇祯九年，"乡人之在逆案者，妒天子有表章忠义之事"，父亲黄尊素的墓地被迫由隐鹤桥移迁至化安山，黄宗羲对阉党的愤恨更增添了几分。第二年，朝中局势又有了微妙的变化。温体仁与宦官首领司礼太监曹化淳相互攻讦，矛盾激化，曹化淳向皇帝揭发温体仁的种种劣迹，于是，温体仁佯称有疾，请求引退；六月罢相，第二年即病死。好笑的是，崇祯为此还深表惋惜。温体仁居相位8年，"未尝建一策，惟日与善类为仇"。这样一来，京师大敌已去，复社的斗争矛头转而指向了在南京蠢蠢欲动的阉党余孽阮大铖。

阮大铖（约1587—约1646年），字集之，号圆海、石巢、百子山樵，明末戏曲家，安徽怀宁人，为人奸诈猾贼，嗜权罔利，时人称之为"小人中之小人"。天启年间曾官给事中，依附阉官魏忠贤，与一班阉党结为死党，造《百官图》，以献媚于魏忠贤。魏党事败后，他名列逆案被罢官，避居南京。阮大铖准备了两本不同的奏章，一起送至北京的朋友杨维垣处。其一专劾崔、魏之阉党；其二"以七年合算为言，谓天启四年以后，乱政者忠贤，而翼以呈秀，四年以前，乱政者王安，而翼以东林"，把天启一朝分为前后两个阶段，对东林和阉党各打五十大板，然后嘱在朝中任职的杨维垣视情况择一代奏。如此手段既为前史之未有，确实不枉史称有机敏贼猾之誉。但他一直心存投机钻营之心，时时觇觎朝中动静。于是，在南京他一直大肆招纳所谓"豪杰游侠"，日日谈兵说剑，把自己装扮成能为国御侮的守边之材，同时又竭尽心力与清流拉关系，甚至以金钱美女为诱饵，企图收买复社人士。但终崇祯一朝，他究竟从未得仕。

温体仁罢相后，宦官集团声势复振，逆案中人纷纷弹冠相庆，阮大铖更是以为出山在即。于是，复社志士联袂而起。东林子弟以顾宪成之孙顾杲为首、天启被难诸家以黄宗羲为首，由金坛周镳、已故都御史陈于廷之子宜兴（今浙江宜兴市）陈贞慧、贵池（今属安徽池州市）秀才吴应箕执笔，写成《留都防乱公揭》在南京四处张贴，揭露阮大铖"献策魏珰、倾残善类"的本来面目及在留都南京"招纳亡命""阴险叵测"的丑恶嘴脸。除上述发起人和执笔人外，在公揭上列名的复社成员还有左光斗之子左国柱、左国栋和沈寿民、沈士柱、魏大中之子魏学谦等共 140 人。公揭中写道：

> 乃自逆案既定之后，愈肆凶恶，增设爪牙，而又每骄人语曰："吾将翻案矣！吾将起用矣！"……当事者视为死灰不燃，深虑者且谓伏鹰欲击，若不先行驱逐，早为扫除，恐种类日盛，计画渐盛，其为国患必矣。

同时，黄宗羲还组织被难遗孤在秦淮河畔桃叶渡集会，结"国门广业社"，几乎"无日不连奥接席，酒酣耳热，多咀嚼大铖以为笑乐"，声讨阮大铖的恶劣行径。阮大铖"杜门咋舌欲死"，躲入城外牛首山弘觉寺达数年之久，从此更对复社志士恨之入骨。

这次斥逐阮大铖的行动，是黄宗羲首次投身于实际的政治斗争，充分显示了黄宗羲及复社志士们"但知为国除奸，不惜以身罹祸"的浩然正气，使南京的阉党残余噤若寒蝉，对朝野及社会各界都产生了很大影响，同时也替自己种下了祸根。这一年为崇祯十一年（1638 年），黄宗羲时年 29 岁。

崇祯十七年（1644 年）五月，清军进入北京，在史可法、马士英等残明旧部的拥戴下，明神宗之孙、福恭王朱常洵之子朱由崧即位，改明年为弘光元年（1645 年），建立起第一个南明政权。马士英是阮大铖的密友，崇祯年间，他因贪赃罪被夺去官职，与阮大铖同时闲住南京。他们之间臭味相投，来往十分密切。之前马士英得以复职，就是阮大铖暗中行贿之力。马士英因拥戴福王有功，位极人臣，大权在握，阮大铖便得其荐举，被起用为兵部右侍郎，不久晋为兵部尚书。大敌当前，二人不思如何收复失地，重整山河，而是狼狈为奸。阮大铖一心索贿敛财，镇压异己，对东林、复社诸人立意报复，大兴党狱，"广揭中人姓名（共140 人），造蝗（东林）蛹（复社）录，欲一网杀之。"

清军攻入北京时，黄宗羲还在杭州。福王"监国"的诏书传到杭州后，他决计前赴南京，上书福王朝廷，提出自己关于重整纲纪、挽救时局的政见。这年夏天，宗羲到达南京，等待他的却是阮大铖蓄意策划的一网打尽复社志士的阴谋。阉党余孽徐丞等人奉阮大铖指使，首纠刘宗周及其三大弟子都御史祁彪佳、给事章正宸与黄宗羲，同时被劾的还有复社重要成员礼部员外郎周镳、山东按察司金事雷演祚和庶吉士周钟等。一时舆论大哗，"祁（彪佳）、章（正宸）尚名列仕籍，而公（黄宗羲）以朝不坐、宴不与之身，挂于弹事，闻者骇之"。结果，刘宗周被罢，周镳、雷演祚、周钟被逮杀，左国柱、左国棅、沈寿民等人侥幸逃生，隐姓埋名躲了起来。

迫于舆论，马士英、阮大铖没敢马上向黄宗羲开刀。阉党干将徐大化的侄子徐禹英，为迎合阮大铖，再次弹劾顾杲与黄宗羲。所幸左佥都御史邹之麟与顾杲是姻亲，故意将驾帖拖着迟迟不发。顺治二年（1645年）五月二十二日，弘光政权夭亡，顾杲、黄宗羲二人才又一次幸免于难。黄宗羲晚年回忆此事时说："弘光南渡，止结得《留都防乱揭》一案也。"但此案虽然了结，而黄宗羲"半生濒十死"的艰险岁月，却仅仅是开了个头。

至于阮大铖，顺治三年（1646年）六月，清军渡钱塘，阮大铖率先剃发降清。清授其内院职衔，他感激涕零，自请为前驱，破金华后随清兵入闽，过仙霞岭时因病发死于道旁。另外有一种说法是阮大铖闻马士英被杀，自投崖而死，后被戮尸。

矢志抗清

崇祯十五年（1642年），黄宗羲因事来到北京。在京期间，他深切地感受到，最高统治集团已经腐朽到了极点，国事已经败坏到了无法收拾的地步。因此，当朝廷执政大臣周延儒准备推荐他出来做官时，他坚决地拒绝了，随后就返回了家乡。从崇祯元年时年19岁第一次进京师，到顺治二年（1645年）时年36岁南明弘光政权灭亡，黄宗羲一直同明王朝中以阉党为代表的最反动最腐朽的势力不断进行斗争。在长期的政治风云中，他越来越认清了整个统治集团的腐朽本质。对于他参加过的复社一类的文社组织，他也感到"本领脆薄，学术庞杂，终不能有所成就"。

然而如今的形势又起了一个根本性的变化。崇祯十七年、清世祖顺治元年（1644 年）三月十七，李自成兵临北京城下；十九日城破。随着最后一个皇帝朱由检自缢而亡，传国二百七十六年、历十六帝的明朝就此画上句号。刀光剑影、血雨腥风的时代来临。

顺治二年（1645 年），史可法在扬州殉国，清兵渡江，相继攻下南京、苏州及杭州。刘宗周在绍兴听到这些不幸的消息，决意自尽明志。黄宗羲得知老师绝食，立即徒步 200 余里，赶去见老师最后一面。当时刘宗周水米不进已有 20 来天，看到黄宗羲时已经说不出话了，只能微微点头；宗羲强忍眼泪，与老师诀别。临终前，刘宗周口吟绝命诗云：

> 留此旬日死，
> 了我平生事。
> 慷慨与从容，
> 何难亦何易。

这一时期，江南烽烟遍地，各地士民纷纷揭竿而起，组成抗清义军。闰六月，举人张煌言在台州（今浙江临海）拥立鲁王朱以海为监国，前支科给事中熊汝霖和前九江道企事孙嘉绩也在余姚举起义旗，擒斩了望风降附的余姚知县。张煌言（1620—1664 年），南明将领、诗人，民族英雄。字玄著，号苍水，浙江鄞县人，坚持抗清斗争近 20 年。朱以海（1618—1662 年），明太祖九世孙，字巨川，号恒山，别号常石子，是南明抗清的重要领袖之一。1644 年被明思宗封为鲁王，四天后李自成即攻陷北京；福王朱由崧即位于南京后，命朱以海驻守台州。熊汝霖（？—1648 年），南明将领，民族英雄。字雨殷，浙江慈溪周巷镇人，曾授福建同安知县，任内曾率兵渡海，在厦门击败荷兰殖民者。孙嘉绩（1604—1646 年），原名光弼，字硕肤，浙江慈溪横河镇人。与他们遥相呼应的还有郑遵谦、张国维二人。

郑遵谦，字履恭，世籍余姚临山卫，后徙居绍兴会稽。在孙嘉绩、熊汝霖二人在余姚首先举兵起义后的第二天，他在绍兴联络了一批志同道合的朋友和郡将，也揭竿而起。起事后，郑遵谦、孙嘉绩、熊汝霖互相取得联系，决定共同拥戴逃难至台州的鲁王朱以海监国。闰六月二十八日，明朝原管理戎政兵部尚书的张国维（1595—1646 年，字玉笥，浙江东阳人，天启二年进士）等迎鲁王自台州来到绍兴，熊汝霖、孙嘉绩、郑遵谦各部诸军会师钱塘江。七月十八日，鲁王在绍兴出任监国，以分守台绍道公署为行在，立妃张氏为元妃，改明年为监国元年。

于是，原先对李自成农民起义军推翻明朝持反对态度的黄宗羲回到老家后，也立马积极响应，与两个弟弟黄宗炎、黄宗会毁家纾难，"纠合黄竹浦子弟数百人"驻军江上，被人们称为"世忠营"，赶赴钱塘江参加防江战役。当时就有旁人站出来劝他，如此腐败的明王朝，黄家已被它害得够苦，何必再去保它。黄宗羲答道，个人恩怨事小，社稷存亡事大。国家将亡，我怎可不保！

然而，稍早于鲁王朱以海监国绍兴，皇室的另一成员，朱元璋第二十三子朱桱之后，朱以海的叔辈唐王朱聿键（1602—1646 年）在福州被总兵郑芝龙（1604—1661 年，字飞皇，福建南安人，郑成功之父）等人拥立为帝，年号隆武。大敌当前，危若累卵，即使朱以海与朱聿键齐心协力，至多也不过苟延残喘，而鲁王、唐王竞争相夺"正统"之名，加之马士英、阮大铖等小人挑拨其间，以至闽浙叔侄之间势同水火，甚至不惜同室操戈、兵戎相见。黄宗羲对这一点早就看得相当清楚，40 年后，他在为孙嘉绩撰写的墓志铭中写道："血路心城，岂论修短？……从未亡社，虽加一日，亦关国脉"，就算国脉只能延长一天，他也认为自己的心血没有白费！

十一月，断送了弘光政权的主要罪魁马士英偷偷溜进方国安营中，准备朝见鲁王。人们听到这个消息，非常气愤，纷纷要求立斩马士英；有人历数其罪，要他"自刎以谢天下"。主持政务的熊汝霖担心马士英、方国安串通一气，成为大患，认为这不是杀马士英的时候，应让他立功赎罪。对此，黄宗羲坚决反对，他根本不相信像马士英这样的坏人会痛改前非。马士英由于得到方国安的庇护，当时未受严惩。不过，在黄宗羲和大家的一致反对下，马士英也未能钻进鲁王政权。

　　顺治三年（1646年）二月，监国授予黄宗羲兵部职方司主事之职，黄宗羲推辞再三，请求仿照"李泌客从"的前例，以平民身份为国家效力；然而监国不同意，还给黄宗羲加上一个监察御史的职衔。

　　三月，嘉兴总兵陈梧被清军打得大败后，渡海逃至余姚，肆行劫掠，民心大愤。王之仁之侄、兵部主事兼余姚知县王正中立刻组织了当地的军队和百姓，将其击杀，这一"内讧"顿时掀起波澜。方国安、王之仁两名悍帅站在军方立场，借口稳定军心，坚持要将王正中治罪，并且已形成廷议。黄宗羲挺身而出，力排众议，指出"借丧乱以济其私，致干众怒，是贼也。正中守土，当为国保民，何罪之有"？致使原来的廷议被废止，从而妥善地处理了这起复杂的事件，将一起令亲者痛仇者快的事件消弥在萌芽状态。

　　面对采取包围战略的清军，黄宗羲曾多次建议应主动出击，他写信给将领王之仁，劝说之仁"何不沉舟决战，由赭山（在浙江萧山县，为江海门户）直趋浙西？而日于江上放船鸣锣，攻其有备，盖意在自守也。蕞尔三府，以供十万之众，敌兵即不发一矢，一年之后，恐不能支，何守之为"？又或者以小股兵力进逼崇明县（今属上海市），亦足以打乱敌人部署，减轻绍兴一线所承受的压力。这些在作战中争取主动的主张得到许多人的赞同。但是，鲁王政权的实权操纵在方国安和王之仁手中，他们在军事上指挥无能，政治上也腐朽得很，黄宗羲的提议根本得不到重视和实行。

　　得不到上面的响应，黄宗羲便积极进行小部行动。他根据当时的局势，又提出由海宁收复海盐，直取滨临杭州湾的海口重镇乍浦的军事策略。这个新的进攻之策得到熊汝霖、孙嘉绩等人的支持。起初，熊汝霖按照黄宗羲的计划率部西进，并攻下了海盐，然而由于军力单弱，未能继续前进，只好返回。五月，孙嘉绩将其麾下的火攻营拨交黄宗羲指挥，黄宗羲又和他的朋友王正中合军，共三千人，渡过杭州湾，在坛头山会同浙西各军，准备由海宁再攻海盐，而此时清军统帅博洛已开始动作。二十五日，清军分水陆两路进兵；二十七日，拥兵二十余万的浙江总兵方国安挟持鲁王南逃，除王之仁所部外，其余各军皆不战而溃。六月初一，博洛渡过钱塘江，王之仁退兵漂泊海上，浙东全线瓦解。黄宗羲收拾残部，率五百余人遁入四明山，与抗清英雄王翊（1616—1651年，字完勋，号笃庵，浙江余姚人）联军防守山寨。

四明山位于浙江宁波府和绍兴府之间，与天台山相连，方圆八百余里，四周高山环绕，峻岭起伏，地势非常险要。山中到处是密林，有的是沃土，义军在此处安营，既可以防守，也能够耕种自给。黄宗羲选择了四明山作为抗清根据地，率领自愿跟随他的五百余名战士，在四明山的杖锡寺安下了营寨。在此前后，以王翊领导的四明山西北的大岚山义军力量成为当时起义队伍中最强的一支。王翊自称"大岚洞主"，治军严明，能够团结广大群众，深得老百姓的拥护和支持。黄宗羲非常钦佩王翊的军事才能，后来曾在《四明山寨记》一书中高度赞扬了这位义军领袖。

为了联络各路义军，黄宗羲改装四处奔波，探寻鲁王行踪。临行，黄宗羲告诫部将"联络山民"，与附近群众搞好关系。不料留守杖锡寺的义军，"不守军纪，不受节制，取粮近地"，与山民造成摩擦，山民烧掉杖锡营寨，义军受到重大损失。与此同时，清廷"迹捕之檄累下"，要将他捉拿归案，而他与鲁王的部队又联系不上，一时进退失据，无处藏身。为了避开清军的追捕，黄宗羲携将老母、兄弟、妻儿迁往中村，继而又徙至化安山丙舍，过起与外世隔绝的生活，不仅日常用度自产自给，"躬为樵采饪馈"，甚至"凡谂交呢戚，未尝过问焉"，直到第二年才返回故居。

当时，鲁王政权辗转于浙闽沿海一带。顺治六年（1649年），黄宗羲知鲁王部队在海上（今浙江舟山），便立即前往，被鲁王封为左副都御史。黄宗羲曾提出舟山、崇明"相为首尾，窥伺长江，断其（清军）南北之援"的作战计划，并推荐王翊"总临诸营，以捍海上"。不过这些建议，对于兵力不多而又存在内部纷争的鲁王政权来说，已无法实行了。此时，清朝下令，凡明朝遗臣有不顺从者，登记全家名单，准备搜捕。黄宗羲也被列于通缉名单之中，他考虑到老母居家，将被清军捕获，放心不下，不得已向鲁王说明回去探母情由。"主上以忠臣之后信我，我所以栖栖不忍去也。今方寸乱矣！不能为姜伯约（即姜维，三国时蜀将，深得诸葛亮信任）矣！"获准后，就改姓换名，潜归家中，护奉老母离家避难，或居友人家，或栖荒山野岭，居无定所，家祸国难，苦不堪言。

黄宗羲虽然离开鲁王，但心里仍惦记着抗清斗争。九月末，鲁王部将富平将军张名振（？—1654 年，字候服，江苏南京人）一举打败唐王将领黄斌卿部队，攻占沿海最大岛屿舟山，鲁王率全部兵马移驾舟山，再召黄宗羲还朝。并派他和兵部左侍郎冯京第（字跻仲，号簟溪，浙江慈溪人）为澄波将军阮美的副手，以万历年间李太后颁赐给普陀山的藏经为礼品，出使日本求援，可惜没有成功。大约自此以后，黄宗羲就不再在鲁王政权中任职了。

这一事件黄宗羲本人没有作记录，现在的学者考证多半是依据舟山翁洲老民《海东逸史》和清代著名史学家全祖望的《梨洲先生神道碑文》。"碑文"结尾处，附上一段考订性文字，全祖望大胆推设黄宗羲此番前去日本是为乞师搬兵，文中说：

> 公有《日本乞师纪》，但载冯侍郎奉使始末，而于己无豫，诸家亦未有言公曾东行者。乃《避地赋》则有曰："历长琦与萨斯玛兮。方粉饰隆平；招商人以书舶兮，七昱缘于东京；予既恶其汰侈兮，日者亦言帝杀夫青龙；返斾而西行兮，胡为乎泥中"则是公尝偕冯以行，而后讳之，故略见其事于赋。予问公孙千人，亦愕然不知。事经百年，始考得之。

这在学界几乎成了一段公案，现在学者大多认同此事为全祖望臆断。曹国庆先生所著《旷世大儒——黄宗羲》一书中就否定了全祖望的说法，理由有：冯京第乞师日本平生只有一次，时间是顺治四年（1647 年）六月，而这年黄宗羲已告官还乡奉母；遣使向日本乞师，在鲁监国的小朝廷中是一件大事，黄宗羲本人均广为留意，见载于自己的著述中，除非他本人有意隐讳，而且让广为留意的其他官员志士也替他掩饰；黄宗羲一直敢作敢为，对自身抗清活动直书不讳，因此，如果他真的有日本乞师之举，是不会、也没必要掩饰的。因而，曹国庆就认为黄宗羲东渡日本是因为他只身潜往海上寻找鲁王下落而不得，才亡迹东京，这也契合他护母避难的时间。

顺治七年（1650 年）三月，黄宗羲至常熟拜访故人钱谦益，以在钱氏绛云楼读书为掩护，与钱谦益密谋策动"婺中镇将"马进宝起义，以为鲁王声援。同时，清军加紧镇压浙东抗清斗争，黄宗羲和冯京第、王翊同被列名悬赏通缉。黄宗羲并未退缩，仍然暗藏鲁王密信，试图与浙西义师联络。九月，清军大举围剿四明山各寨，冯京第兵败遇害，黄宗羲弟弟黄宗炎也被逮捕，关在死牢中。于是，黄宗羲冒险潜入宁波，与好友万泰、高斗魁等人计议，利用种种关系，在黄宗炎将被处决前夕将其救出。

黄宗羲与鲁王的最后联系应该是在顺治八年（1651年）秋天，当他在余姚听到清兵为攻舟山而先攻舟山外围四明山明军的山寨的消息后，立刻派人到舟山报警，使舟山明军有所准备。这次战斗，鲁王率领张名振、张煌言舟山水师主力没有起到干扰牵制的作用，最后舟山大本营已被清军攻占，除了张名振、张煌言残部航海厦门投奔郑成功外，鲁王朱以海取消监国年号，做起了寓公，朝官中大学士张肯堂、礼部尚书吴仲峦以下大小官员全部战死，浙东海上抗清力量遭到毁灭性打击。

顺治十一年（1654年），张名振派人和黄宗羲联络，联络员被清兵执捕，连累黄宗羲也被逮下狱，后经多方救助，获保释。顺治十三年（1656年），慈湖（在浙江慈溪县东）义军首领沈尔绪被人出卖，牵连到黄氏兄弟，官府认定黄宗羲为首谋，便指名严拿。这次黄宗羲的处境十分危险，好不容易才"脱死毫厘间"，黄宗炎则又被捕，黄宗羲顿足长叹。幸赖亲友尽力营救，黄宗炎始得出狱。这以后，黄宗羲处于官府严密监视之下，轻易不敢有所活动。

这年年底，张名振在舟山去世，遗言以所部归张煌言节制。黄宗羲和张煌言领导的舟山明军仍有秘密联络，因此清兵多次画像追捕他，他只好带着母亲躲进余姚化安山密林，开始"一半书斋一半农""左手犁锄三四件、右手翰墨百千通"的隐居生涯。虽然深山密林生活窘迫，但他始终泰然处之。

然而令黄宗羲分外悲伤的是，他的亲人在东徙西迁、动荡不宁的亡命生涯中连遭不幸。顺治十二年（1655年）除夕，最钟爱的幼子阿寿夭折，数月过后，二儿媳孙氏和小孙子阿运也相继病死，黄宗羲万分悲痛，长歌当哭：

子妇客死一孙又以疾殇
揭来四月选三丧，
咄咄书空怪欲狂。

八口旅人将去半,

十年乱世尚无央!

《南雷诗历》中,黄宗羲创作于这段时间的以"哭寿儿""梦寿儿"为题的诗
也有八首之多。其中尤以顺治十六年(1659年)避居化安山时的《山居杂咏》,读
来更是"横身苦楚、淋漓满纸":

锋镝牢囚取决过,依然不废我弦歌。

死犹未肯输心去,贫亦岂能奈我何!

廿两棉花装破被,三根松木煮空锅。

一冬也是堂堂地,岂信人间胜著多。

直到康熙二年(1663年),清政府控制浙东后,才撤销了对黄宗羲的追捕令,
黄宗羲才得以带领全家返归故居。尽管"濒于十死",尽管"其得不死者,皆有天
幸",然而黄宗羲并"不为之慑"。这些挫折和危难,反而淬砺了他的意志,丰富
了他的阅历,并促使他对政治、社会、历史、人生进行理性反省和理论探讨,终
于铸成一代继往开来的思想巨人。

晚年生涯

到顺治十八年(1661年),包括浙东在内的全国范围的抗清斗争已接近尾声。
许多义军将士和抗清志士牺牲了,黄宗羲在诗文中多次怀念和赞颂他们。清初统
治者经过十几年的军事镇压与政治"招抚",统治逐步稳固了。这在当时的广大知
识分子中引起了不同的反应。有些人归附了清朝,有些人躲进了深山或者干脆削
发为僧,进行着不同形式的消极抵抗。还有一些人,他们清醒地看到了清王朝在
全国的统治已经确立的事实,看清了因十分腐朽而终于覆灭的明王朝已不可能恢
复重建。在这种情况下,他们出于对祖国和民族的强烈责任感,总结历史上的经

验教训，探讨经国济世的实学，整理和研究祖国的文化遗产，总之，在一条新的道路上继续前进了。这些人中，黄宗羲就是一个有代表性的人物。

进入晚年的黄宗羲，凭借多年艰难曲折的经历和广博精深的学识，使他对封建君主专制制度的危害及其罪恶本质有所认识。他既不留恋已经覆亡的明王朝，也不向新建的清王朝屈膝。他避居乡间，致力于总结历史上的经验教训，努力讲学，培养后进，勤奋著述，直到逝世。

其实，即使在烽火年代，黄宗羲都保持着著述与讲学的习惯。顺治六年，黄宗羲刚投入鲁王门下，那时清军不时追击，鲁王及其左右常常不上岸，就住在船中。黄宗羲便抓紧空隙时间，在船中讲学，给《授时历》《泰西历》《回回历》三部历书作注。

从顺治四年到十八年（1647—1661年）间，他写出了大量的著作，其中就包括《海外恸哭记》《绍武争立纪》《赣州失事纪》《舟山兴废》《四明山寨纪》《日本乞师纪》《赐姓（郑成功）始末》《沙定洲之乱》等书，真实地记录了南明时期的抗清斗争史，颂扬了抗清义军及其领袖，揭露了南明小朝廷的腐朽和无能。

康熙二年（1663年）四月，黄宗羲应吕留良之请，到语溪设馆讲学。黄宗羲先后寄寓在吕留良家的梅花阁和吴之振家的水生草堂。次年二月和十月，黄宗羲又两至语溪，讲学之余，与弟弟黄宗炎、学生万斯选拜谒了宋代名士辅广（字汉卿、号潜庵）墓，并作《辅潜庵传》。康熙五年（1666年），黄宗羲再次在语溪设馆。在此期间，曾与吴之振、吴自牧父子一起选编《宋诗抄》，读遍吴氏藏书，收集了大量资料。自康熙六年（1667年）以后，黄宗羲与吕留良关系恶化以致决裂，才不到语溪开讲。

绍兴证人书院自刘宗周去世后停办了二十多年。康熙六年九月，黄宗羲会合同门学友姜希辙、张应鳌等人，在绍兴恢复了证人书院的讲学活动，阐扬老师刘宗周的学问气节。这期间，他编写了《子刘子行状》《子刘子学言》《答董吴仲论学书》《答恽仲昇论子刘子节要书》等。证人书院的讲学活动共持续了8年，到康熙十四年（1675年）结束，这8年，尤其是前4年，是宗羲讲学最有成就而且影响最大的时期。

康熙十五至十八年（1676—1679年），黄宗羲多次到海昌（今浙江海宁）讲学，并担任主讲人。其间县令许三礼（字西山）约集不少官员前去听讲问学，黄宗羲对他们说："诸公爱民尽职，即时习之学也。"黄宗羲在在给学生讲授《四书》《五经》等经典时，反对人云亦云的附会，鼓励学子独立思考、相互辩驳，主张学以致用，他说："各人自用得着的方是学问；寻行数墨，以附会一先生之言，则圣经贤传皆是糊心之具，朱子所谓'譬之烛笼，添得一条骨子，则障了一路光明'也。"

康熙十八年之后，黄宗羲已是年过七十的老人了，基本上不再外出讲学，但仍著述不辍，毕力投入名山事业。黄宗羲坚持讲学，诲人不倦。清朝初年不少有成就的学者出自他的门下。其中，以万斯同、万斯大、阎若璩等最为著名。

万斯同（1638—1702年），字季野，号石园，卒后门人私谥贞文，浙江鄞县人，"万氏八龙"中最小的弟弟。生而异敏，遍读家中藏书，博通诸史，尤熟明代掌故。黄百家对这位师兄很是佩服，说他"于有明十五朝之《实录》几能成诵。其外，邸报、野史、家乘无不遍览熟悉"。

自康熙九年（1670年）后，万斯大"有志于明史，悉屏他书不观"。康熙十八年（1679年）诏入明史馆，以布衣参史局，"不居纂修之名，隐操总裁之柄"，明史稿五百卷，皆其手定，又为尚书徐乾学纂读礼通考二百余卷，为"万氏八龙"中最为有名的史学家。

万斯大（1633—1683年），字充宗，别字褐夫，因患足疾而自号跛翁，万泰第六子，万斯同的哥哥。自幼"绝意进取，不事括帖，独沉酣颠倒于六经之中"。万斯大自康熙六年偕同学十余人就学于黄宗羲，曾在宁波创建讲经会。万斯大深研诸经，发展了师门的经学思想，"以为非通诸经不能通一经，非悟传注之失则不能通经，非以经释经则亦无由悟传注之失。"特别在《三礼》和《春秋》上有突出成就，"其爬罗剔抉，颇能见先儒所不及"。黄宗羲认为他："会通各经，证坠辑缺，聚讼之义，涣然冰泮""茧丝牛毛，用心如此，不仅当今无与绝尘，即在先儒亦岂易得"？"学不患不博，患不能精。充宗之经学，由博以致精，信矣其可传也"。万斯大著有《学礼质义》《周官辨非》《仪礼商》《礼记偶笺》《学春秋随笔》，世称万氏经学五书，尤其是《宗法》八篇，黄宗羲盛赞"为冠古绝今必传之作"，为"万氏八龙"中最为有成就的经学家。

阎若璩（1638—1704年），字百诗，号潜丘，山西太原人，侨居江苏淮安府山阳县。清初著名学者，清代考据学发轫之初最重要的代表人物之一。他的学术思想继承了明末清初以顾炎武、黄宗羲为代表的清初学者反理学的思想倾向，指责"道学寡陋"，认为"训诂之学至宋而亡，朱子尤其著者"，他强调博古通今的学风，偏离了顾炎武、黄宗羲主张的经世致用的目的。同时，他主张对古书大胆怀疑，考证要力求确实。

阎若璩以怀疑的精神对历史上流传下来的经籍、经注、经说问难，凡有"一意未折，反复穷思。饥不食，渴不饮，寒不衣，热不扇，必得其解后止"。阎若璩一生治学，多有著述。其中，最重要的成就是《尚书古文疏证》一书的问世，解决了千百年来学术史上的一大疑案，受到学术界的普遍肯定和重视，他也因此奠定了在清初学术史上的地位。

在黄宗羲的学生和好友中，有些人仍在著书立说中传播反清思想。清初统治者为加强思想统治，窒息反清思想，大兴文字狱，轻者处死，重者灭族。由于文字狱的牵连，黄宗羲的学生吕留良死后遭到戮尸枭首；好友陆圻则被抄家，后查明无罪释放，不得已当了道士，不知所终。黄宗羲对此极为愤慨，写下"如此江山残照下""药笼偷生忆陆圻"之类的诗句。

晚年时的黄宗羲，是世所公认的一位德高望重、誉满全国的大学者，深受当时广大知识分子的敬重。康熙皇帝亲政之后，为争取像黄宗羲这样的品德高尚，学识渊博，在学术界和百姓心目中极有声望的人物，于康熙十七年（1678年），以"诏征博学鸿儒"的名义，命令中央和地方三品以上的官员推荐"学行兼优，文词卓越之人"，并将由他"亲试录用"，但没有争取到像黄宗羲这样出类拔萃的杰出学者。

两年后，主持编修《明史》的大臣徐元文又向康熙推荐了作为杰出史学家的黄宗羲。康熙帝立即命两江总督和浙江巡抚以礼相聘。黄宗羲提出要给老母守丧、自己又年老多病为理由，辞而不往，但同意了儿子黄百家代父进京参与修史。康熙知道不能勉强要求黄宗羲正式参加官修《明史》之事，就下了一道特旨：凡黄宗羲所有论著和他搜集的明代史料，由地方官抄录送京，交给史馆。

康熙二十九年（1690年），黄宗羲81岁。康熙帝问朝廷大臣徐乾学："国内有谁博学多闻，文章好，可以充当顾问的？"徐乾学回答道："以臣所知，只有浙江黄宗羲，臣弟元文曾经奏荐过。"康熙帝就说："可以将他召至京师备顾问，我并不要他做官任事，如果他什么时候想回家乡，立刻可以派官员护送他回去。"徐乾学接着说："他年事已高，恐无来意了。"康熙帝听罢，感到人才难得，很是叹息了一番。

康熙三十四年（1695年），黄宗羲86岁。初秋，黄宗羲病重不起，写了《梨洲末命》一文，文中他嘱咐道：

> 吾死后，即于次日之早，用棕棚抬至圹中，一被一褥，不得增益。棕棚抽出，安放石床。不可用纸钱，见世俗所行折斋、做七，一概扫除。来吊者所送银钱纸烛尽行却之。相厚之至，可在坟上植梅五株，则稽首谢之。

遗言还交代以后祭扫"不可杀羊""流俗无礼之至也"，必须"一概扫除"。要求在其墓前树立石条两根作望柱，上刻："不事王侯，持子陵（浙江慈溪人，汉光武帝刘秀同学，几次诏请为官不就，后归隐；"云山苍苍，江水泱泱，先生之风，山高水长"）之风节；诏钞著述，同虞喜（浙江余姚人，东晋天文学家，九次举荐或诏请而不就，后绝食而逝）之传文。"这年夏天的一个夜晚，黄宗羲在书房里写作时受了一点风寒，就病倒了。七月三日，与世长辞。临终时，他口授《绝笔诗》命儿子作记：

> 筑墓经今巳八年，
> 梦魂落此亦欣然，
> 莫教输与鸢蚁笑，
> 一把枯骨不自专。

黄宗羲是中国文化史上的一座丰碑，是一位彪炳史册的历史文化巨人，是一位反对君主专制、标榜民本思想的大师。他是中国古代民主思想的一个伟大代表，是一位立足于当时的现实而又跨进了未来的伟大思想家。观照现在，一门以黄宗羲其人及其学说思想为基本研究内容的"黄学"已经形成，身为著名史学大师、经学大师、著述大师、浙东学派鼻祖、天文学家、音律专家、诗人等的黄宗羲的煌煌成就与光辉思想，对我们仍大有裨益。

黄宗羲像

第二章 黄宗羲教育思想

黄宗羲著作极为宏富，据统计，他一生的著作有 60 余种，1300 余卷，数千万字。黄宗羲努力著述的同时，还在宁波、绍兴、海昌等地讲学，积极培养学生，是浙东学派的创始人。清朝著名学者万斯同、万斯大、阎若璩等，都是他的学生，并称为"十六高弟"。

读万卷书

尚在少儿阶段，黄宗羲就养成了博览群书的良好习惯。在随父居住在京城的时日，平常除了坚持温习举业必修的科目外，还经常瞒着父母，用零花钱"窃买演义，如《三国》《残唐》之类数十册，藏之帐中，俟父母熟睡，则发火而观之"。有一次，还正好被他母亲发现了。姚氏怕耽误儿子做八股文的正课，就先跟黄尊素商量怎么规劝他。黄尊素听了，就对妻子说："禁之，则伤其迈往之气，姑以是养其聪明，可也。"姚氏深明事理，"自此必窃视宗羲所乙之处，每夜几十页，终不告义为忠端公（黄尊素）所知也"。少儿时代的阅读过程使黄宗羲得以纵览各种内容的图书，打开了自己的眼界。随着年岁的增长，黄宗羲逐渐发现了科举制度完全是为了禁锢读书人的思想，醉心于科举的人即使做了官，对社会也是有害无利的。

成年以后，他更加勤奋好学，以读书、抄书、藏书、著书为毕生之业，即便是在已经有人称赞他"一代理学之传，如大禹导山导水，脉胳分明；事功文章，经纬灿烂，真儒林之巨海，吾党之斗杓也"之后。"崇祯间，武林（今杭州市）有读书社，以文章风节相期许。如张秀初歧然之力学，江道暗浩之洁净，虞大赤宗玫、仲䧹宗瑶之孝友，冯俨公憬之深沉，郑玄子之卓荦，而前此小筑社之闻子将、严印持亦合并其间。"这指的是他 24 岁时在杭州参加读书社，与一帮朋友会读。

黄宗羲对于读书一直是多方搜求、广泛涉猎，"旁求之九流百家"，遨游于中华学术的海洋中。然而由于自己家境不是特别富裕，更由于当时的印书业与图书发行业都称不上发达，每类图书存世的数量都不多，因此，他每每一见好书，或是藏书之家，便只有不辞劳苦，辛勤抄录。为此，黄宗羲与友人刘伯宗、许元溥等成立了一个抄书社。全祖望在《梨洲先生神道碑文》中记载：

> （黄宗羲）既尽发家中藏书读之，不足，则抄之同里世学楼钮氏、澹生堂祁氏，南中则千顷斋黄氏，吴中则绛云楼钱氏。穷年搜讨，游履所至，遍历通衢委巷，搜罗故书，薄暮，一童肩负而返，乘夜丹铅。次日复出以为常。

后来黄宗羲还相继登览了鄞县范氏天一阁、歙县郑氏丛桂堂、禾中曹氏倦圃、昆山徐氏传是楼等，极为深入地钻研了四书五经、诸子百家，旁及天文、地理、历算、音乐、释老等各类书籍。这使他锻炼养成了别具只眼的独立思考能力，往往能"凿空新义，石破天惊"，生发出卓异而深刻的见解。由此，黄宗羲名声大振，"一时老宿闻公名者，竞延致之相折衷"，其弟黄宗炎、黄宗会，皆受黄宗羲之教而大有声名，"于是，儒林有'东浙三黄'之目"。黄宗羲在《乞书副本》一诗中，形象而生动地描述了借书读书还书的生活：

> 借书还书各一瓶，一段风流吾所师。
> 古墨闻香鱼亦寿，新钞未较豕生疑。
> 绛云过眼哀神物，梅阁惊心落市儿。
> 副本曾君许见乞，幸宽十指出支离。

钮氏世学楼是明代绍兴藏书的第一大家——钮纬的藏书楼。钮纬，字仲文，号石溪，祖上本是吴兴（今浙江湖州）人，客居会稽，因而占籍于绍兴。他出生于书香世家，嘉靖二十年（1541 年）中进士，二十四年（1545 年）二月由祁门知县选礼科给事中，二十九年（1550 年）升江西佥事，历山东佥事，以忧归。解甲归里后，钮纬一意致力于图书典籍的收藏，他几乎把全部心血和精力都倾注在图书的收藏方面，孜孜不倦，多方寻求，因而得到了数目相当可观的宋椠元刊和珍贵秘本。世学楼的藏书目录，一直未见有刻本流传，现有一部不分卷的《会稽钮氏世学楼珍藏图书目》钞本，推断为钮氏本人所编。然而，这部书目未能反映出世学楼藏书的全貌，尤其是未能反映出世学楼藏书的一个极其重要的特色，那就是它所收藏的极为丰富的子部小说家类图书。第一位得益于世学楼藏书而取得巨大成就的人，是山阴的布衣之士徐文长，第二位是商浚，他以出版家而著称于世，第三位便是黄宗羲。黄宗羲对于钮氏世学楼最感兴趣的，恰恰就是那些小说类图书。他称赞道："以余所见言之，越中藏书之家，钮石溪世学楼其著也。余见其小说家目录亦数百种，商氏之《稗海》，皆从彼借刻。"小说家的著作，在四部之中，是最容易被忽略的一类，因为那不是经世之学，也谈不上载道言志，因而往往受人卑夷。可是，在那些不经之谈中，所包含的思想，却是最为活跃、极有价值的。因此，黄宗羲思维的发散和思想的开放程度，从中获益匪浅。后来因天灾人祸，世学楼的地位被祁氏澹生堂取代。

祁承爜（1563—1628 年），字尔光，号夷度，又称旷翁，晚号密士老人，山阴人，图书馆学家、目录学家、藏书家。万历三十二年（1604 年）进士，任山东、江苏、安徽、河南等地地方官，官终江西右参政。平生乐于汲古，藏书极富。藏书楼"澹生堂"甲于江左，聚书十万余卷。因其子祁彪佳为戏曲批评家，所以家中藏书以戏曲传奇居多。

千顷斋是黄宗羲于崇祯三年至十四年（1630—1641 年）几次寓居南京时常去借阅抄书的地方。为黄居中和黄虞稷父子所建。黄居中（1562—1644 年），字明立，又字坤吾，号海鹤，学者称海鹤先生，晋江人，晚年建"千顷斋"藏书楼，用来珍藏典籍，毕生所收书籍积至 6 万余卷。黄虞稷（1629—1691 年），字俞邰，号楮园，崇祯中随其父移居南京，后改建"千顷斋"为"千顷堂"，并在兵燹中把藏书发展至 8 万余卷。黄宗羲曾数度寓居黄居中家，将其千顷斋之藏书"翻阅殆遍"。特别是在千顷斋阅读了利玛窦、汤若望、庞迪我等耶稣会士与徐光启、李之藻、李天经等著译的多部西学著作。这为黄宗羲接触西学，后来成为一位兼通文、理的学术大家奠定了扎实的知识基础。后来，黄宗羲还赠诗给黄氏父子：

> 秣陵焦氏外，千顷聚书多。
>
> 石户楼千秘，宗人许再过。
>
> 从来耽怪牒，岂以易鸣珂。
>
> 况说今加富，应知有鬼诃。

绛云楼是黄宗羲的好友钱谦益为他的夫人柳如是所盖。钱谦益（1582—1664年），字受之，号牧斋，晚号蒙叟，江苏常熟人。晚明的著名学者和社会贤达，主文章坛坫近半个世纪，声名与王世贞不相上下。明万历间中进士，官至礼部侍郎。降清后，任礼部右侍郎。降清前，与黄宗羲私交极深。钱谦益交游极广，尤喜收藏图书，常不惜重金购求古本，著名藏书家赵琦美之脉望馆珍藏以及刘凤、钱允治、杨仪、赵用贤等4家遗书，悉为其所得，藏书丰富，名冠东南，"所积充牣，几埒内府"。黄宗羲经常到常熟去，并且每次都是寄宿在钱氏家中，起初是在拂水山房，后来就住在绛云楼下的半野堂内。顺治七年（1650年）三月，41岁的黄宗羲再次来到常熟，在绛云楼住了几天，成为时年79岁的钱谦益晚年生活中最快乐的其中一段时光。他们两个约定，来年春暖花开，黄宗羲即来拂水山庄长住，为期三年，尽阅家中藏书，一起做读书伴侣。这个倡议自然得到了颇多男儿气的柳如是的支持和热切的呼应。当时，黄宗羲的弟弟黄忠炎被逮，黄家经济相当拮据。柳如是以一个女人特有的细心，授意丈夫以一种不至让人难堪的方式资助了黄宗羲一笔钱，以作他来回的盘缠。

归后不久，黄宗羲在写给钱谦益的一首诗里回忆了盘桓拂水山庄的那几日留给他的美好记忆。可惜的是，还没等到黄宗羲践约，这年十月，绛云楼的一场大火把楼内的宋梓元刻悉数化为一缕云烟。书已成烬，盟约落空，让黄宗羲一想起来心里就隐隐作痛。在晚年写作《思旧录》时，检点往事回首平生，他还对此事不能释怀。

在钱谦益去世那一年夏天，钱谦益卧病不起，而丧葬费用尚无着落，恰好盐台顾某来求文三篇，答应给润笔费一千两白银。此时，钱谦益已无力为文只好求正好来访的黄宗羲代笔。黄梨洲略显推辞之色，无奈之下，钱谦益不得已将黄宗羲反锁于书房内，逼迫黄宗羲连夜写完了三篇文章，这才解决了丧葬费用，权作当年钱氏夫妇苦心赠银的一点报答。黄宗羲《南雷诗历·八哀诗》中就写道：

其五

四海宗盟五十年，心期末后与谁传。

凭祔引烛烧残话，嘱笔完文抵债钱。

红豆俄飘迷月路，美人欲绝指筝弦。

平生知己谁人是？能不为公一泫然。

天一阁现为全国重点文物保护单位，坐落在宁波市月湖之西的天一街。天一阁是中国现存年代最早的私家藏书楼，也是亚洲现有最古老的图书馆和世界最早的三大家族图书馆之一。清人阮元在《定香亭笔谈》写道："范氏天一阁，自明至今数百年，海内藏书之家，惟此岿然独存。"

天一阁始建于明嘉靖四十年（公元1561年），由当时退隐的兵部右侍郎范钦主持建造，天一阁之名，取义于汉代郑玄《易经注》中"天一生水"之说，因为火是藏书楼最大的祸患，而"天一生水"，可以以水克火。范钦，字尧卿，号东明，于嘉靖十一年（1532年）中进士，历任湖广随州知州、工部员外郎、江西袁州府知府、副都御史，巡抚南（安）赣（州）汀（州）漳（州）诸郡。嘉靖三十九（1560年）年，升兵部右侍郎，十月，去官归里。能在半个中国任职，对于一生酷爱读书、藏书的范钦，是一件幸事。他每到一地，都留心收集。他和那些只注重版本的藏书家不同的是，颇有点"厚今薄古"，比较重视收集当代人的著作，所以在他的藏书中明代地方志、政书、实录、诗文集就特别多，像《军令》《营规》《大阅录》《国子监监规》《武定侯郭勋招供》之类的官书，是当时的内部资料，为一般藏书家所难以收得的。后又得到鄞县李氏万卷楼的残存藏书，又与王弇州等人相约互抄书籍，藏书数量大大增加，存书达到了七万多卷，其中以地方志和登科录最为珍稀。

天一阁宝书楼

为保护藏书，范钦制定了"代不分书，书不出阁"的规矩，藏书归子孙共同所有，共同管理；凡阁门与书橱门锁钥分房掌管，禁止书下阁梯；非各房子孙齐至，不开锁；外姓人和女人不能登阁。"子孙无故开门入阁者，罚不与祭三次；私领亲友入阁及擅开书橱者，罚不与祭一年；擅将藏书借出外房及他姓者，罚不与祭三年"。

清康熙十二年（公元1673），黄宗羲来到宁波想登楼看书。黄宗羲与范氏家族没有任何血缘关系，照理是严禁登楼的，而作为当时中国学术第一流的历史学家和思想家，黄宗羲的道德、文章、学识、气节受到人们普遍的敬佩。在曾在范氏家族中做过嘉兴府学训导的范友仲的帮助下，范氏各房竟很快一致同意了。在天一阁第四代主人范光燮陪同下，黄宗羲终于如愿登上天一阁，不仅阅读了天一阁的全部藏书，并"取其流通未广者"编撰了书目，另撰一部《天一阁藏书记》留于后世，文章开头说道："尝叹读书难，藏书尤难，藏之久而不散，则难之难矣！"乾隆《鄞县志》这样评价范家气魄："光文（作者注：应为其弟光燮）导之（黄宗羲）登阁，读所未见书，一时称其不愧世家风流云"。应该说，天一阁的书能得到很好利用，服务于社会，黄宗羲登楼是其发展史上的一个里程碑事件。

天一阁虽然破了先例，但登楼的规矩还是十分苛刻，此后近200年中，获誉登上"天一阁"藏书楼的大家、大学者，仅李邺嗣、万斯同、徐乾学、全祖望、袁枚、钱大昕、阮元、冯登府、薛福成、缪荃孙等十余人而已。

在年逾六旬的黄宗羲眼中，屈指江南，藏书最富名望者不过黄居中的千顷斋、曹溶的倦圃、徐乾学的传是楼。"三家之外，即数范氏"天一阁。除了与黄居中私交甚好得以观书外，其余各家都有极其严格的规矩。曹溶和徐乾学获知黄宗羲写了《天一阁藏书记》后，便也向他递送了橄榄枝。

曹溶的倦圃坐落于今嘉兴南湖之滨，又称"静惕堂"，此书楼地基原为民族英雄岳飞之后人岳珂的读书处"金陀坊"。曹溶（1613－1685年），字洁躬，号秋岳、花尹，别署倦圃，金陀老圃等，明崇祯十年（1637年）进士，官御史，入清历户部侍郎，广东布政使等职。曹溶一生主要从事政治活动，晚年在家中修治别业聚书，暇时与宾客游觞饮乐。王渔洋在《池北偶谈》中写道，曹溶的倦圃所藏宋元古书甚多，其中宋人文集有一百八十多家，元人文集有一百十五家。

江苏昆山的传是楼，其主人是清代大学问家徐乾学。徐乾学（1631—1694年），字原一，号健庵，是清代著名学者顾炎武的外甥，生性爱书。明末战乱时，藏书之家多不能守，及清初社会渐趋安定，各家散出之书始在民间流传，于是徐乾学乘机广为搜购，而他的门生故吏又遍于全国各地，知他有嗜书之癖，无不尽力为之网罗放佚，一时南北藏书家之旧物，如细流归海，汇于徐乾学之所。

为了安顿心爱的书，他在昆山老家的住室后面修筑了一座藏书楼。"部居类汇，各以其次，素标缃帙，启钥烂然"，收宋元善本多达四百五十种，非后来普通藏书家可比拟。徐乾学曾到访天一阁，后来他仿效天一阁范钦传承的做法，把他的几个儿孙叫到书楼前，对他们说："我用什么东西来传给你们呢？我们徐家先世，本来就身家清白，以读书应试起家，我耳濡目染已很久了。我曾感慨那些做父祖辈的，有的想把土地家产传下去，而子孙不一定能世世代代富下去；有的想把金玉珍玩、鼎彝尊罍之类的宝贵文物传下去，而子孙又不一定能够世世宝爱这些东西；有的想把园池台榭、舞歌车马之类传下去，而子孙后代又不一定能世世享受这些娱乐。我正把这些事例看作借鉴。那么我拿什么东西来传给你们呢?"这时他指着书楼高兴地笑着说:"所传者,惟是矣。"传是楼的名字由此而来。遗憾的是,徐乾学病逝后,他的儿孙们并没有能将传是楼继承好管理好,数万卷藏书逐渐变卖殆尽,大多数流入清朝宗室怡亲王府中。

黄宗羲是在 66 岁的高龄才登阅传是楼的。不过这之前,他们俩早已通过书信神交良久。他和徐氏往还的信件中,不少是谈借书、抄书、藏书之事,往往是听说对方收购了某人的藏书,即致书询问并表贺意,而抄书中遇到什么问题也彼此互相商量。如在给徐乾学的一封信中,他这样写道:"《宋元集略》尚未钞完,然亦不过旬日,即当送上也。只是未曾检出,及留在京邸者,不知何时得以寓目?"后来,徐乾学特意延请黄宗羲作《传是楼藏书记》。黄宗羲评论徐乾学"世之藏书家未必能读,读者未必能文章,而先生并是三者而能之,非近代藏书家所及",同时,他又慨叹自己年迈,为不能遍读其中的收藏而感到惋惜,连叹"惜某老矣,不能假馆而尽读之也"。

藏书是非

对于一个嗜书如命的真君子,往返江南各大藏书楼借阅抄书是为读书的一个捷径,但更大的梦想则应该是拥有一个属于自己的藏书楼。然而,建一个藏书楼,尤其是家藏珍贵文卷的藏书楼谈何容易,需要时间去经营,更需要金钱去网罗。这两者对于黄宗羲而言,都近乎奢侈。朝代更迭导致的烽火岁月,直接造成黄家家境贫寒。明清鼎革之后,清廷一向对他追捕甚紧,不得以,黄宗羲只好举家不断搬迁,家境不得不沦为赤贫,经常要靠师友接济。但为了建立自己的藏书楼,黄宗羲利用一切可以利用的时间和机会,常年离家座馆授徒,微薄的束修除了养家糊口,所剩尽悉用来购书,他曾很有感慨地说:"读书者一生之精力,埋没敝纸渝墨之中,相寻于寒苦而不足"。

据《天一阁藏书记》介绍,崇祯三年 (1630 年),越中藏书名家钮纬的世学楼藏书开始散佚,黄宗羲随即设法四处收罗,从旧书铺购得十余部。第二年,黄宗羲在南京听说焦氏藏书要出售,便"急往讯之",由于图书不零售,要两千两银子一次性买断,而他一时又筹措不到这笔钱,就竭力劝说好友冯邺仙将书买下,以免散失。康熙三年(1664年),黄宗羲在语溪(今浙江桐乡县)坐馆,获悉有人要以银子两千两将家中藏书转让,其中又多为钞本,弥足珍贵。囊中羞涩的他既无力购买,就只好再次请出友人。这次他找吴孟举帮忙买下,然后用了三年时间,将所有图书"阅之殆遍"。

康熙四年(1665年),黄宗羲的夙愿终于得偿——建起了属于自己的藏书楼,为纪念先祖黄震于宋元遗乱世之际著述《黄氏日钞》(一百卷)而命名为"续钞堂"。时年56岁。他的儿子黄百家在《续钞堂藏书目序》记载:

> 壬寅(1662年)以来,余家所得野史遗集,绝学奇经,殆不胜纪,道虽穷矣,书不谓不富,而家大人方将旁搜遍采,不尽得不止。……至今始得徙置于续钞,其间鼠残蠹齿,雨淹梅蒸,而又经此流离兵火之余,盖十不能存其四、五,而存者亦复残腐败缺,错杂零星,道固穷而书又不富。

尽管历经磨难,在黄宗羲几十年辛勤收集和整理勘校后,藏书竟达六、七万卷之富,多半为从各名家藏书楼抄书而得。黄宗羲藏书注重版本胜过内容,因此藏书偏向于学术研究实用参考,后人评价他说:"先生之藏书,先生之学术所寄也。"

可惜的是,灾祸频仍,他的藏书一直处在流失的状态,不仅因为山中的强盗、村里的小偷、因战乱不得不搬迁等这些人祸,还有康熙元年(1662年)的两场大火、康熙二十九年(1690年)的一场大水等天灾。因为一直忙于各种事情,黄宗羲没来得及给自己的藏书编目。他去世后,黄竹浦又发生了一场大火,殃及续钞堂,藏书失去大半。最后由其再传弟子郑性经整理得三万卷书,入藏郑家"二老阁"。

续钞堂建立的第二年,黄宗羲竟因书和生平好友吕留良反目成仇,成为学界一大憾事。吕留良(1629—1683年),又名光轮(一作光纶),字用晦,号晚村,别号耻翁,崇州崇德县(今浙江桐乡)人,诗文家,时文评论家,出版家。除了聪颖过人,8岁能赋诗作文外,吕留良更被称作"大义之士"。江南各地志士纷起组织义军抗清时，他散万金之家以结客，入太湖兴义师，抗击清兵，图谋恢复。二三十岁间，便借评选时文以宣扬"华夷之分大于君臣之伦"，其民族气节对学子影响极大。顺治十七年（1660 年），因黄宗炎作伐，吕留良与黄宗羲二人在杭州孤山订交，建立起良好的友谊。康熙二年（1663 年），黄宗羲应聘至梅花阁执教，与吕留良、黄宗炎、吴孟举、吴自牧、高斗魁等，相聚于园内水生草堂，诗文唱和，同时，指点吴孟举、高斗魁等人编选《宋诗钞》。这段时期，黄宗羲个人境遇很糟糕，家中不称心的事接二连三发生，每次从余姚传来消息要他急速回乡，吕留良都尽可能亲自把他送到杭州，并送上一笔可观的路费，才依依作别。

尽管黄宗羲比吕留良年纪大了近二十岁，但这丝毫不妨碍他们相互把对方当作知己，黄宗羲曾有句类似于名言的话：用晦（吕留良）的朋友就是我的朋友，用晦的砚也就是我的砚。这不仅因为他们两个都有绝世的才华，更因为他们都是毫不妥协的民族主义者。要不是一次偶然的机会撞上了两个人都看得比性命还重要的书，他们之间的友谊将成为史上的一段佳话。

明清战乱，"澹生堂"主人祁彪佳投池殉国，藏书楼于是就迁入云门山化鹿寺。但因管理不善，很快就有些藏书陆续散落市肆中，听到这一消息，黄宗羲与吕留良二人决定一起前往合资购买。他们在祁家翻阅了三昼夜，捡得了数十捆。据说在经手的过程中，吕留良私下截留了《礼记集说》和《东都事略》两本珍贵的书籍，致使黄宗羲大发脾气，终至翻脸绝交。吕留良也指责对方只想着自己，不顾他人，争抢善本好书。全祖望《鲒埼亭外集·小山堂祁氏藏书记》把这件事记载为：

> 南雷黄公讲学于石门，其时用晦父子俱北面执经。已而，以三千金求购澹生堂书，南雷亦以束修之入参焉。交易既毕，用晦之使者中途窃南雷所取卫湜《礼记集说》、王称《东都事略》以去，则用晦所授意也。南雷大怒，绝其通门之籍。

当然，这是一家之言，把责任全归到了吕留良身上，因为黄宗羲本人的说法和后来写《国朝名人小传》的沈清玉各自都有不同的说法。不管怎么样，两人的确因此而交恶。

隔不多久，黄宗羲写了一封措辞严厉的公开信指责吕留良的不是，此信一度在江浙的文化圈中广为流传。吕留良甚是不悦，在《与太冲书》中反问黄宗羲：外面的朋友都在传说你给我写了一封淋漓切直的信，盛赞你不愧是我的良友，为什么这封信我竟没有看到？如果在您的眼中我连对话的资格也没有了，那就不必写这样的信，既然写了，那就是要我闻过则改，可又不让我见着，那无非是想借机做做花样文章，这样叵测的用心，怎么可以称得上是我吕某人的诤友？

所以，后来当黄宗羲请求辞去吕家教职时，吕留良不仅没加挽留，连表面上的客气都懒得作了。不久，他们共同的朋友高斗魁去世，吕留良不满意黄宗羲为高斗魁写的墓志铭，指责其中"微词丑诋"，两人关系进一步恶化。

康熙十四年（1675 年），黄宗羲打听到吕留良在杭州，特地派儿子黄百家持着他亲笔所写的书信与诗扇呈送，有意恢复往来。吕留良如法炮制了十年前黄宗羲写公开信的做法，写诗作答，"惭愧赏音重鼓动，梧桐久已断声闻"，以"梧桐"自比，拒绝了黄宗羲。

康熙二十年（1681 年），黄宗羲审定的《南雷文案》正式刊印，吕留良读后，对黄宗羲的反感几乎到了愤慨的程度。因为他发现，黄宗羲在文集中的一篇文章里，不仅不反思友人的指责，还在为墓志铭的事强词巧辩。而更让他这个坚定的民族主义者所不能容忍的是，黄宗羲竟然与大清王朝的达官权贵频繁往来。于是，吕留良进一步指出黄宗羲是一个心术锒薄、趋火附热的道德小人，"当道朱门，枉词贡谀，纨绔铜臭，极口推崇"，而对于"贫交死友"，却"愤然伸其无稽之直笔"，实在是"议论乖角，心术锒薄"。私事上的过节终于上升到了道德上的公开谴责。黄宗羲对吕留良的学问毫不客气地斥为"纸尾之学"……就这样，两位昔日好友终了一生都没有原谅对方，继续他们的宝贵的友情。

书院讲学

黄宗羲在成长的道路上，早年得益于他父亲的教诲极深，他父亲死后，给他影响最大的，是他的老师——当时有名的学者刘宗周。当年黄尊素被捕入京时，曾谆谆告诫儿子，"学者不可不通知史事"。两人途经绍兴，刘宗周为黄尊素饯行，黄尊素在席上又嘱咐儿子拜宗周为师。黄宗羲牢记父亲的遗嘱，回到家乡后便拜刘宗周为师，开始发愤治学。

在黄宗羲的心目中，刘宗周是天下最有学问的人，"其学体认辛苦，无所不历，故先儒之敝，洞若观火"。在为《蕺山学案》所作的序言中，黄宗羲对业师的学术地位给予极高的评价，认为"今日知学者，大概以高（攀龙）、刘（宗周）二先生，并称为大儒，可以无疑也"。

然而，尽管他17岁便拜师，也尽管他也曾用心于学术，"公至是发愤，自明十三朝实录，上溯二十一史，每日丹铅一本，迟明而起，鸡鸣方已，"但此时的黄宗羲主要是跟随父辈"讽议朝政，裁量人物"，从事直接的政治实践活动，而未潜心于学术。他自言道："其时志在举业，不能有得，聊备蕺山门人之一数耳。"

黄宗羲真正深得师门真谛，是在明清鼎革、先师亡故后。全祖望在《答诸生问南雷帖子》中，明确指出："南雷（黄宗羲）自是魁儒，其受业念台时，尚未见深造，国难后得日进。"这可以归结为很多原因，除了黄宗羲自身的天赋和外部环境激化外，明末四次落第，为躲避战乱而僻居深山、苦心孤诣研究学问，与刘家世交、得以尽览刘家藏书等，都是重要因素。

崇祯三年（1630年）南京乡试失利后，黄宗羲又参加三次乡试，可惜都落了第。当时，秀才们除了可以在本省参加乡试外，还可以去北京、南京参加顺天乡试和应天乡试，一些人在本省考不中，总愿意换个考场碰运气，黄宗羲在随后的三次乡试分别在杭州、南京、北京参加。像黄宗羲这样的名士，有些考官非常愿意把他揽为弟子，可命运总和他黄氏兄弟开玩笑。他参加南闱考试时，北闱的考官到处搜罗他和弟弟的卷子；等他来年换成北闱应考时，又有考官在杭州搜他们的卷子想将其录取……结果，黄宗羲总是与功名失之交臂。不过，塞翁失马，焉知非福，正是13年内4次乡试均不第使他最终成为一介布衣这样一个平民身份，才使他在抗清斗争中能屡次化险为夷，并且使他在学问上作出了世所瞩目的成就。

黄宗羲毕竟是黄宗羲，二十几岁时声名已誉满东南，有人预言他将来必以巨著名震于世，许多人甚至登门拜访。黄宗羲懂得学无止境，便离开家乡，遍游大江南北，求师访友，探讨学术疑难之处，并最终将师说发扬光大。他的同门师兄弟们对此多心存敬意，因为黄宗羲是入门较晚的。蕺山弟子陈之问曾说："黄子（宗羲）于蕺山门为晚出，独能疏通其微言，证明其大义，推离还原，以合于先圣不传之旨，然后蕺山之学，如日中天。"

为发扬师门学说，讲学便成了黄宗羲生平一项重要活动。其实，早在17岁时，黄宗羲便担负起了教育两个弟弟的责任，即使在抗清武装斗争十分艰难的情况下，他仍坚持讲学，教授历算、乐律等知识。黄宗羲的讲学活动主要集中在清康熙二年至十八年这段时间（1663—1679年），讲学地点除余姚故居外，主要是在语溪（今浙江桐乡）、越中（今浙江绍兴）、海昌（今浙江海宁）、甬上（今浙江宁波鄞县）等地。

绍兴证人书院自刘宗周去世后停办了二十多年。康熙六年（1667）九月，黄宗羲会合同门学友姜希辙、张应鳌等人，在绍兴恢复了证人书院的讲学活动。其后两年，曾数度会讲于此，阐扬老师的学问气节。这期间，他编写了《子刘子行状》《子刘子学言》《答董吴仲论学书》《答恽仲昇论子刘子节要书》。他在讲学中突出提倡怀疑精神，认为"小疑则小悟，大疑则大悟，不疑则不悟"。"泛然而轻信"的盲从，实则"非能信也，乃是不能疑也"。

康熙十五至十八年间（1676—1679年），黄宗羲曾多次到海昌讲学，并担任主讲人。黄宗羲讲学收效最大的，当属在宁波创办"甬上证人书院"时期。甬上证人书院会讲地点不一，曾在宁波城内广济桥高氏祠、延庆寺、城西白云庄、黄过草堂（张氏宗祠）、陈夔献家等处会讲。而"城西之管村，万氏之别业"的白云庄则是黄宗羲讲学时间最长、且较稳定的场所。白云庄原主人万泰生前对"浙东三黄"的气节学问倾倒备至，曾多次对亲友说："今日学术文章，当以姚江黄氏为正宗。"他还经常亲率子弟到黄竹浦盘桓问学。顺治十四年（1657年）万泰去世，黄宗羲便写信与万泰长子万斯年，要万氏兄弟前来受业，一力承担起为故人教育后代的责任。所以，万氏八兄弟都是黄门高弟。

早在康熙四年（1665年），万氏兄弟与同为黄家三代世交的董氏兄弟（允瑶、允珂、允琳、允玮）及陈赤衷（字夔献）等青年学子组织建立"甬上策论会"，这一年春，二十余名策论会成员相约到余姚向黄宗羲求教。

康熙六年（1667 年），策论会改名"讲经会"，以讲论《五经》为主题。他们常聚陈赤衷家，讨论经义，殚精竭思，"所谈不出于王霸"，黄宗羲每至宁波，必赴会讲经。康熙七年（1668 年）三月，黄宗羲再次赴甬上，弟子们在鄞县广济桥延庆寺等地聚会。在黄宗羲提议下，讲经会改名为"证人书院"。书院自康熙七年（1668 年）创建至十四年（1675 年）结束，前后经历八年，参加讲会的人数估计有百余人。黄宗羲在《董吴仲墓志铭》中这样记载：

> 先师（刘宗周）立证人书院，讲学于越中，至甲申（崇祯十七年）而罢讲。后二十四年为丁未（康熙六年），余与姜定庵（姜希辙）复讲会、修遗书，括磨斯世之耳目。……甬上之闻风而兴者，一时多英伟高明之士，吴仲其一也。明年，余至甬上，诸子大会于僧寺，亦遂以证人名之。甬上讲学之士，数百年所创见。……风气为之一变。

讲学活动在黄宗羲的一生中占据了十分漫长的时间，他一直断断续续地坚持到耄耋之年。康熙二十八年（1689 年）正月，应余姚知县康如琏之邀，黄宗羲会讲于家乡的姚江书院，这是他最后一次出席讲会活动，此时已八旬高龄。

黄宗羲讲学有两大特点。其一是讲究实学，反对空谈，主张经世致用。他揭露明代中叶以来讲学的流弊说："明人讲学，袭语录之糟粕，不以六经为根柢，束书而从事于游谈。"又批评明末读书社的文人不务实学，"本领脆薄，学术庞杂"，所以"终不能有所成就"。他鄙夷那些空谈道德性命而无真才实学的道学家们，指斥他们"封己守残，摘索不出一卷之内……天崩地解，落然无与吾事，犹且说同道异，自附于所谓道学者"。正因如此，黄宗羲特别强调学者要明经通史，以求经世致用。他说："学必原本于经术而后不为蹈虚，必证明于史籍而后足以应务。"所以，他要求自己的学生"必先穷经""兼令读史"。这对于扫除明末脱离实际的恶劣学风起了极大的作用，"凡受公之教者，不堕讲学流弊""前此讲堂锢疾，为之一变"。

其二是黄宗羲讲学既重经史之学，又重自然科学，包括学习西方的近代科学知识。如在海昌讲学时，向知县许三礼传授了有关《授时历》《西洋历》《回回历》

等知识，还培养了一个精通数学的陈言扬。他的儿子黄百家继承家学，在经学、史学、历学、数学方面均有较深造诣，并有专著传世。他的学生万经（万斯大之子）在《寒村先生七十寿序》一文回忆黄宗羲在甬上讲学的情景时说：梨洲弟子对"经学、史学以及天文、地理、六书、九章至远西测量推步之学""争各磨励，奋气怒生，皆卓然有以自见"。

教育思想

作为中国 17 世纪一位著名的教育家，黄宗羲在长期的讲学、教育活动中，提出了具有近代色彩的民主教育思想，对中国近代资产阶级的教育思想产生了重要影响，包括"公其非是于学校""取士八法"等。

黄宗羲认为学校不仅应具有培养人才、改进社会风俗的职能，而且还应该成为议论国家政事的阵地，"公其非是于学校"，这是他对于中国古代教育理论的独特贡献，闪烁着民主思想的光辉。这一思想的基本精神在于，反对封建君主专制，改变国家政事之是非标准由天子一人决断的专制局面。这是对中国古代关于学校职能理论的创新，反映了他要求国家决策民主化的强烈愿望。这种性质的学校，究其实已与近代资本主义制度下的议会相近。可以说，黄宗羲"公其非是于学校"的思想，也是近代议会思想的萌芽。这样，学校集讲学和议政于一身，既是培养人才，传递学术文化的机构，又是监督政府，议论政事利弊的场所。这一思想对中国近代资产阶级反对封建君主专制，反对封建教育起了启蒙作用。

在中国封建社会，学校教育与取士制度紧密相联。取士制度对于人才考核的具体内容、方式和方法，在很大程度上影响、甚至左右了学校教育对于人才的培养。因而，黄宗羲在《明夷待访录》中，紧接着《学校篇》之后，专设《取士》上、下两篇，集中论述了取士问题。

黄宗羲对科举制度的危害有清醒的认识，并作了无情地揭露，他认为："科举盛而学术衰"，士人在富贵利禄的引诱下，以研读时文为获取名利的捷径，而摒弃经、史、古文以及兵、农、礼、乐等"切于民生日用"之学，造成了学术的衰落；

科举"举一先生以废百"，驱使士人在学习内容上局限于时文，而且在思想上也局限于一先生之言，非是则为离经叛道，结果扼杀士人独立思考的能力；科举"陷溺人心"，败坏学风，士人读书求学，只不过是获得功名禄位的一种手段，一旦侥幸登第，便认为目的已达，"读书之事毕矣"，同时士人为了获取功名禄位，竟以"偷窃为工夫，浮词为堂奥"，摹仿、盲从之学风盛行。

黄宗羲对于科举制度的批判，不仅切中时弊，而且站在经世致用的角度，从独立思考和自由思想的高度，深刻地分析其危害，这使他的批判具有时代精神，超越了他的先辈。不仅如此，黄宗羲还提出了八种选拔人才的方法，即所谓"取士八法"，以此改革取士制度。

一是科举法。效仿朱熹的建议，考试分经、子、史、时务策四场，突出经学、诸子学和史学的地位，重视应试者的独立见解，选拔经世济时之才。二是荐举法。规定每年各郡荐举一人，列为待诏，先由宰相以国家疑难之事问之，根据其所答，再由廷臣反复诘难。若能自理其说，则"量才官之；或假之职事，观其所效而后官之"。若被荐者是"庸下之材"，则坚决淘汰，推荐者要坐罪。若被荐者道德高尚，才能出众，则不拘常规，破格重用，推荐者亦受重赏。三是太学法。太学生"积岁月累试"，根据成绩分为三等，上等者同进士，由宰相直接分配至中央各部衙门任职；中等者不经乡试，直接参加礼部会试；下等者罢归乡里。四是任子法。规定凡六品以上官员子弟满15岁者，皆入州县学，三品以上官员子弟年满15岁者，皆入太学，若从业15年而学无所成，俱退学。五是郡县佐法。各郡县设置户、礼、兵、工、刑、吏六曹，经提学官考试，选拔郡县学生员中学行高等者，分别担任六曹职务。凡三次考核均合格者，升贡太学肄业，其才能尤著者，直接补选为中央六部衙门官吏。反之，若实绩平庸者，则罢免。六是辟召法。凡宰相、六部、方镇及各省巡抚，皆可自辟属吏，"试以职事"，如其在实际工作中，确实表现出显著才能，则上报朝廷正式委任。七是绝学法，即指历算、乐律、测望、占候、火器、水利等为极少数人专门掌握的自然科学技术知识。要求各郡县将上述有关专门人才上报朝廷，"政府考其果有发明，使之待诏"。才能平庸者，则罢归。八是上书法，分两种情况。一是国家发生重大事件或出现大奸，朝廷群臣都不敢言，而在野者却敢于上书直言，"则当处于谏职"。二是所进览的著作确实学术水平很高，足以传业，"则与登第者一体出身"。

黄宗羲提出的这八种人才选拔方法，集中反映了他注意把人才选拔与培养紧密结合，重视人才的实际才能，强调应采用多种方法和途径来选拔人才，对人才需严加考核等思想。

关于教育内容，黄宗羲的思想具有广泛、实用的特点，具体包括经学、史学、文学和自然科学等。黄宗羲非常重视经学的传授，提出"学必原本于经术"，同时他还重视向学生传授史学。他说："学者必先穷经，经术所以经世。不为迂儒，必兼读史。"另外，诗文也是黄宗羲教授的重要内容。对于如何教授诗文，黄宗羲提出，首先必须有浓厚的兴趣，其次反对模仿，提倡独创，再次要情理交融，最后要兼通百家。尤其值得注意的是，黄宗羲将天文、数学、地理等自然科学知识列为重要的教育内容，这既是对中国古代科技教育传统的继承和发展，同时也是受到当时传入中国的西方科学知识的影响，反映了资本主义生产关系萌芽对教育所提出的新要求，他不仅开清代"浙人研治西洋天算之风气"，而且还开清代浙人传授西洋历算之先河，在清代科技教育史上具有举足轻重的地位。

在教学思想上，黄宗羲集中提出"力学致知""学贵适用""学贵独创"的观点。黄宗羲毕生主张躬行实践以求知，并以身作则，老而弥坚，"年逾六十，尚嗜学不止，每寒夜身拥绲被，以双足置土炉上，余膏荧荧，执一卷危坐。暑月，则以麻帷蔽体，置小灯帷外，翻书隔光，每至丙夜。"黄宗羲认为求学贵在适于实用，因此，只有学问与事功相结合，方是真儒。

如何实现独创，黄宗羲在长期的教学实践中也积累了许多经验。一是由博致精，二是重视"异同论"，认为"学者于其不同处，正宜著眼理会"，三是深思能疑，他认为"无深湛之思，学之不成"，而要进行深刻的思考，则自然离不开在求学过程中提出各种怀疑，他认为只有善于提出怀疑者，才能引起深思，才会有所创见。四是讨论辩难，黄宗羲提倡"各持一说，以争鸣于天下"的精神，不"以一先生之言为标准"，而要发"先儒之所未廓"。

此外，黄宗羲对教师问题也发表了许多独特见解。他主张尊师，认为学生必须"重师弟子之礼"，要求提高教师的社会地位。按照他的设想，中央太学祭酒的地位，应该与辅助君主掌管国事的最高行政官员宰相相当，这在中国古代教育史上是空前的。尤其值得一提的是，黄宗羲还认为，教师除了向学生进行传道、授业、解惑外，还必须从事清议。这一思想，发前人所未发，是对传统教师职责理论的拓展和深化，也是他民主思想的积极反映。

黄门弟子

关于黄门弟子，全祖望《梨洲先生神道碑文》就记载："东之鄞，西至海宁，皆请主讲；大江南北，从者骈集，守令亦或与会。已而，抚军张公以下皆请公开讲，公不得已应之。"在黄宗羲的教诲下，黄门弟子都能刻苦钻研"经学、史学以及天文、地理、六书、九章至远西（西欧国家）测量推步之学"，而且"皆卓然有以自见"。在黄宗羲的思想和学术风格熏陶下，清初逐渐形成了甬上证人书院的黄门弟子为主力、其流风被于浙东乃至全国，其学脉传于乾嘉以至清末的清代浙东学派。浙东学派的学术研究范围很广，诸如经学、史学、文学等，也包括自然科学，其中尤以史学成就最显著。这一学派代表人物，以史学为主兼治经学的有万斯同、万言、邵廷采、全祖望、邵晋涵、章学诚，以经学为主兼治史学的有万斯选、万斯大、黄百家，文学方面有李邺嗣、郑梁、郑性等，自然科学代表人物有陈言扬，其中，最得黄宗羲真传的，还数万斯同、全祖望和章学诚三人。

全祖望（1705—1755 年），字绍衣，号谢山，鄞县（今浙江宁波）人，文学家、史学家。雍正七年（1729 年）贡生，乾隆元年（1736 年）选翰林院庶吉士，次年返里，后未出仕，专事著述。曾主讲于浙江蕺山书院、广东端溪书院。全祖望上承黄宗羲经世致用之学，博通经史，"负气忤俗""其学渊博无涯"，37 岁时三笺《困学纪闻》，42 岁时补辑《宋元学案》，45 岁至 48 岁的晚年仍朝夕不倦地七校《水经注》，临终前还自编文集。其采辑大量明清之际人物碑传，极富史料价值。

章学诚（1738—1801 年），字实斋，会稽（今浙江绍兴）人，清代史学家、思想家、方志学家。乾隆四十三年（1778 年）进士，曾援授国子监典籍，主讲定州定武、保定莲池、归德文正等书院，后入湖广总督毕沅幕府，协助编纂《续资治通鉴》等书。其所著《文史通义》，与唐刘知几的《史通》并称史学理论名著。曾

全祖望像

编纂《史籍考》，拟尽收古今史部书叙目凡例，总目达三百二十五卷，但书未完成，稿亦散失。所修方志，传世有和州、亳州、永清三志，曾主修《湖北通志》，现存遗稿数十篇。其学说至清末始为人重视。1922年有《章氏遗书》刊行。

在甬上众弟子中，得到黄宗羲首肯的有十五人，即"万季野（万斯同）之史、万充宗（万斯大）、陈同亮之穷经；躬行则张旦复（张汝翼）、蒋弘宪（字万为）；名理则万公择（万斯选）、王文三（王之坪）；文章则郑禹梅清工，李杲堂纬泽、董巽子（董道权）、董在中函雅，而万贞一（万言，万斯年之子）、仇沧柱、陈匪园（陈紫芝）、陈介眉且出而准的当时，笔削旧章"。

陈自舜（1634—1711年），字小同，一字同亮，别号尧山，鄞县人，清文学家、藏书家。治经学、文字学老而不倦。于黄门弟子中学问名列前茅，其学通诸门，对文学尤有研究，校勘精审。如《字汇》《正字通》《古今韵略》诸书，有一字未经书入者，均一一补辑。陈自舜最喜藏书，聚图书、字画、法帖甚富，储于"云在楼"中，人称"云在楼"藏书，仅次于"天一阁"。

郑梁，生卒年不详，1692 年前后在世，字禹梅，浙江慈溪人，遵父命师事黄宗羲。康熙二十七年（1688 年）进士，改翰林院庶吉士，官终高州知府。工诗，善画山水，晚年右臂不仁，以左手画，更饶别致。家富藏书，与范氏天一阁相埒。其诗近陈献章，文类归有光，黄宗羲极为称道。著有寒村诗文集三十四卷，《清史列传》行于世。

李邺嗣（1622—1680 年），原名文允，字邺嗣，以字行，号杲堂，鄞县人。十二岁能诗，十六为诸生，清入关后，藏身匿迹，以著述为业。其诗工力颇深，刊落凡庸，破除前后七子窠臼，卓然成家，诗文多纪沧桑间事，每寓故国之思，著有《杲堂诗文集》三十八卷。

董允瑶（1627—1679 年），字在中，鄞县人。对于宋明诸儒，独服膺王阳明心学，学有主见，不为他人纷见所左右。著作有《遵道集》《春铭堂集》《争饮楼诗稿》《事天堂集》等。

仇兆鳌（1638—1717 年），字沧柱，鄞县人。27 岁在余姚从学黄宗羲，39 岁时，黄宗羲在为仇兆鳌父亲八十寿辰的寿文中赞仇兆鳌之"文章风韵主盟于当世而无愧"，康熙二十四年（1685 年）举进士。康熙三十一年（1692 年），仇兆鳌在京城写信告知乃师黄宗羲《明儒学案》已刊行，并为《明儒学案》作序，此序受到四库馆臣的赞许。康熙三十五年（1696 年），黄宗羲卒后一年，他与黄门弟子共二十五人议私谥宗羲先生。著作有《四书说约》《杜诗详注》等。

陈锡嘏（1634—1687 年），字介眉，号怡庭，鄞县人。康熙十五年（1676 年）进士，官翰林院编修。长于制义，以经学著名。著有《兼山堂集》八卷，凡文六卷，诗二卷，《四库总目》传于世。

如果按照地域籍贯来划分黄门弟子的话，黄门学人大体上可以分为四大部分，即浙东黄门、浙西黄门、江南黄门与北方黄门，其中，尤以浙东最为集中。广义的浙东，包括宁波、绍兴、台州、金华、衢州、严州、温州、处州等八府之地，而黄门弟子多出于宁波、绍兴二府，这是地理位置紧密相关。浙东黄门与浙东学派是两个既相互联系又有区别的概念。浙东学派，广义是指南宋以来浙东地区出现的各个学派，其中包括以吕祖谦为代表的金华学派，以叶适为代表的永嘉学派，以陈亮为代表的永康学派及王阳明的姚江学派；从狭义上看，则特指以黄宗羲为代表的清代浙东史学学派。

前面介绍的甬上证人书院的得意弟子均属于浙东黄门，浙东黄门弟子有个很大的特点就是家族式，比如甬上著名的"东林四先生"——万泰、陆符、董德称、董守谕家族就占了16人。黄门本族中就有著名的黄宗炎、黄宗会、黄百家三人。

黄宗炎（1616—1686年），字晦木，世称立溪先生，是黄宗羲的孟弟，崇祯中以明经贡入太学，学行与兄长相埒。家遭横祸以后，黄宗炎与兄长一道同受业于刘宗周，并参加了反清复明的斗争，他们的关系既是兄弟、同学，又是师生和战友，反清斗争失败以后，宗炎一度随侍兄侧游历访学。著有《忧患易学》《六书会通》及《二晦》《山栖》诸集。崇祯末隐石门、海宁，卖画自给。

黄宗会（1622—1680年），字泽望，号缩斋，是黄宗羲的仲弟，自幼出自兄长之门，兄弟三人"天下以三黄子称之"。黄宗羲称"泽望少无师，以余为师"，于"天官、地志、金石、算术、卦影、革轨、艺术、杂学，盖无勿与予同也"，但后来，兄弟二人的学术见解不尽相同，"余于释氏之教，疑而信，信而疑，久之，知其于儒者愈深而愈不相似，乃为泽望反覆之，盖十年而不契，终于不可同而止"。黄宗会著有《缩斋文集》《缩斋日记》《学御录》《成惟识论注》《四明游录》等。

黄百家（1634—1709年），字主一，号不失，别号黄竹农家，为黄宗羲的幼子，也是他的三个儿子中，最能继承家学克绍其裘的。黄百家不仅参加了《宋元学案》《明文海》《明文授读》《南雷文定五集》等思想文献或文集的续编工作，还著有学术思想类著述《宋元儒传私记载》《二程学案》《体独私钞》《王刘异同》《求仁篇》《格物篇》《五行篇》，自然科学史类《明史·历志》《天旋篇》《筹算》《勾股矩测解原》《哺记》《鸡冠花记》《种茯苓记》，诗文集类著述《学箕初稿》《学箕三稿》《学箕五稿》《失余稿》《正惑诗》《感遇诗》，传记类《先遗献文孝公梨洲府君行略》《万季野斯同先生墓志铭》《利玛窦传》，家乘类《黄氏续录》《黄氏续纂》，书目类《续钞堂书目》以及游记类《北游纪方》等数十种著述，为学界所关注。同时，黄百家自幼从王来咸学拳术，因而精通内家拳，著有《内家拳法》，详细介绍王来咸的内家拳法，并作《王征南墓志铭》记述王来咸事迹。

甬上黄门弟子中，以父子相传的有陈赤衷和陈之璇，万斯大和万经，万斯同和万世标，万言和万承勋，郑梁和郑性，李邺嗣和李暾，王文三和王锡仁，陈锡嘏和陈汝咸，范光阳和范廷谔，张士培和张锡琨，张士埙和张锡璜、张锡璁，董允瑶和董元晋，董道权和董孙符、董胡骏等。以兄弟相继的有万氏四兄弟（斯选、斯大、斯备、斯同），董氏四兄弟（允珂、允玮、允瑶、允琳）以及张锡璜、锡璁兄弟，董孙符、胡骏兄弟，陈赤衷、寅衷兄弟，张士培、士埙兄弟，董允霖、允雯兄弟，王之坊、之坪兄弟等。

浙西黄门主要包括杭州、语溪和海宁等地的弟子，以海宁籍弟子最盛，学术成就以文学和数学方面尤为突出，其中又以"二查"和"二陈"成就最明显。

查慎行（1650—1727年），初名嗣琏，字夏重，后改名慎行，字悔余，号他山，又号初白，著名诗人。康熙四十二年（1703年）进士，特授翰林院编修，入直内廷。他受经史于黄宗羲，受诗法于桐城诗人钱澄之。其论诗以为"诗之厚，在意不在辞；诗之雄，在气不在直；诗之灵，在空不在巧；诗之淡，在脱不在易"。

查嗣瑮（1652—1733年），字德尹，号查浦。幼时即警敏，数岁能解切韵谐音，随兄学诗。生平游迹遍天下，其诗精妙，与兄齐名，时人比作宋代"二苏"称其为"二查"。

陈讦（1650—1722年），字言扬，号宋斋，曾任淳安县教谕。为文峭厉澹宕，诗喜韩愈、苏轼而归于杜甫，尤精勾股学。康熙六十一年（1723年），完成《勾股引蒙》五卷。后来又写《勾股述》二卷。据黄宗羲称："海昌陈言扬因余一言发药，退而述为勾股书，空中之数，空中之理，一一显出，真心细于发，析秋毫而数虚尘者也，不意制举人中有此奇特"，于是将自己旧作，"尽以要授，言扬引而申之"。另著有《太湖水利考》《宁盐海塘议》《地理迩言》《读杜随笔》《宋十五家诗》等。

"二陈"并为黄宗羲的数学传人。《勾股引蒙》主论四则运算，开平方，开立方，勾股算术与平面三角法。此后，他们的下一代又续传其学，陈讦之子陈世倛著有《少广补遗发明》《勾股演变》《开方捷法》《弧矢割圆》，陈诜之子陈世仁著有《少广补遗》《方程申论》等，将黄门学术发扬光大。

江南黄门，是黄宗羲在江南游历和寻访典籍时所受的弟子，其中最著声名的当推阎若璩和徐秉义。徐秉义（1633—1711年），初名与仪，字彦和，号果亭，清江南昆山（今属江苏）人，康熙十二年（1673年）一甲第三名进士。授编修，迁礼部、吏部侍郎。时人评为"文行兼优"。后与刑部侍郎绥色克同赴陕西，审理粮盐道黄明受贿案。拟罪失当，左迁詹事。后擢内阁学士。圣祖南巡，受赐"恭谨老成"匾额，与兄徐乾学、徐元文号"昆山三徐"。曾入史馆参与主持《明史》的编修，也是黄百家的老师。康熙十五年（1676年），黄宗羲在海宁讲学，徐秉义从昆山赶来听讲。康熙二十七年（1688年）五月，徐秉义又专程来到余姚邀请恩师前往昆山讲学，留居一月而返。著有《明末忠列纪实》《耘圃培林堂代言集》等。

北方黄门，则指身为北人而因客居或仕宦之便得入黄宗羲门下，学术成就以"绝学"为著。人数不多，成就也不小，尤以对星象、历法用力尤勤的保定人王正中和对历法颇有研究的河南安阳人许三礼最为著名。

黄宗羲在《明儒学案发凡》中谈到，"学问之道，以各人自用得着者为真。凡倚门傍户，依样葫芦者，非流俗之士，则经生之业也"。这种科学求实的学问观，影响了整一派黄门弟子。

第三章 黄宗羲史学成就

志在明史

黄宗羲对历史的关注，始于其父的临终教诲。黄尊素曾谆谆告诫自己的儿子："汝近日心粗，不必看时文，可将架上《献征录》涉略可也。"

《献征录》是明代焦竑编纂的一部记载本朝人物的传记史书，共一百二十卷，记载了明初至嘉靖间数百位名人的事迹，包括宗室、勋戚、内阁、六部、科道、孝子、义人、儒林、艺苑各色人等，所收人物跨度之大，数量之多，史无前例，后来成为修撰《明史》《国榷》等文献的重要史源之一。由此，黄宗羲以极大的热情和精力投入到史学研究和著述中。

在问学刘宗周门下的同时，黄宗羲开始有计划地阅读史籍。他从《实录》入手，将本朝自太祖迄光宗共十三朝《实录》细细研读，然后再读二十一史，"每日丹铅一本，迟明而起，鸡鸣方已，两年而毕"，这样，不但"通知"了本朝史事，还深入了解了中国上下数千年的史事，为"经世致用"奠定了坚实深厚的学问基础。

朱明王朝虽然不存在了，但黄宗羲坚持认为总结明朝兴亡的原因和教训，探寻治乱兴替的历史规律，应该是自己倾心以赴的一项重要课题。他说：

> 尝读宋史所载二王之事，何其略也！夫其立国亦且二年，文、陆、陈、谢之外，岂遂无人物？顾闻陆君实有日记，邓中甫有《填海录》，吴立夫有《桑海遗录》，当时与文、陆、陈、谢同时之人，必有见其中者，今亦不闻存

于人间矣。国可灭，史不可灭。后之君子，能无憾耶？

因此，他每至一处，都不遗余力地四下访书、抄书，注意搜集、积累明人的文集或关乎明朝史实的作品。经过几十年的努力，到康熙七年（1668年）59岁上，他"于诸家文集，搜择亦已过半"，家中所藏明人文集就有五六千本，从而使得"为明文之选"成为可能。

从康熙七年至十四年（1668—1675年），黄宗羲经历七个寒暑，披阅千余家文集，尽撷其精华，编定了规模宏大的《明文案》二百一十七卷。黄宗羲编纂《明文案》的目的，是保存有明一代政治、经济、文化、武备等各方面文献，欲使一代典章制度，俱借以考见大凡，并填补历代总集的空缺，即为了发掘有明"三百年人士之精神"，从"埋没于应酬讹杂之内，堆积几案"的千家文集中洗涤"情至之语"。他对自己的劳动很满意，认为《明文案》可与前人编的《昭明文选》《唐文粹》《宋文鉴》《元文类》媲美，自信"有某兹选，彼千家之文集庞然无物，即尽投之水火不为过矣"。

《明文案序》，分上下两篇，是其编选明文的纲要，也是其文学见解和文学史思想较集中的反映和体现。《序》上篇论有明一代之文凡三盛，其人不及于前代而所选之文反过于前代：

> 有明之文，莫盛于国初，再盛于嘉靖，三盛于崇祯。国初之盛，当大乱之后，士皆无意于功名，埋身读书，而光芒卒不可掩。嘉靖之盛，二三君子振起于时风众势之中，而臣子哓哓之口舌，适足以为华阳之赤土。崇祯之盛，王李之珠盘已坠，邪吕之朝，士之通经学古者，耳目之所障蔽，反得以理既往之绪言。此三盛之由也。

在详细地分析了明代之文三次兴盛的原因后，黄宗羲又指出明代之文的弱点：

> 某尝标其中十人为甲案，然较之唐之韩杜、宋之欧苏、金之遗山、元之牧庵、道园尚有所未逮。盖以一章一体论之，则有明未尝无韩杜欧苏遗山牧

庵道园之文。若成就以名一家，则如韩杜欧苏遗山牧庵道园之家，有明固未尝有其一人也。

在分析其原因时，《序》文中说："三百年人士之精神，专注于场屋之业，割其余以为古文，其不能尽如前代之盛者，无足怪也。"把明文衰落之原因归为读书人专注于功名事业，足见其眼光之独到，《序》文中还提出了黄宗羲的一个文学观点："凡情之至者，其文未有不至者也。则天地间街谈巷语邪讦呻吟无一非文，而游女田夫波臣戍无一非文人也。"明确提出文学作品要写出作者的真情实感。

《序》下篇认为有明之文坏于何（景明）、李（梦阳），而王（世贞）、李（攀龙）继之，几乎枉尽天下之才。文中首先提出："有明文章正宗，盖未尝一日而亡也。"不过中间有起伏：

　　自宋方以后，东里春雨继之，一时庙堂之上皆质有其文。景泰天顺稍衰，成宏之际，西涯雄长于北，匏庵震泽发明于南，从之者多有师承。正德间余姚之淳正，南城之精炼，掩绝前作。至嘉靖而昆山比陵晋江者起，讲究不遗余力，大洲浚谷相与犄角，号为极盛。万历以后，又稍衰，然江夏福清、称陵荆石，未尝失先民之矩也。

对于近代，黄宗羲则说：

　　崇祯时，昆山之遗泽未泯，娄子柔、唐叔达、钱牧斋、顾仲恭、张元长皆能拾其坠绪，江右艾千子、徐巨源，闽中曾弗人、李元仲，亦卓荦一方，石斋以理数润泽其间，计一代之制作，有所至不至，要以学力为深浅，其大旨罔有不同，固无俟于更弦易辙也。

应该说，黄宗羲对于明代文学发展的脉络把握得很清楚，而其立论也中肯而平实。黄宗羲编选《明文案》时，对于选中作家间有数行或数语评论其功力手笔，颇有见识，是研究明代学者一不可多得的原始文献。如评罗伦说："一峰之文，刚毅之气，形于笔端，芒寒色正"。评程敏政："篁墩以博洽为文，动有根底，大约与王华川相似，固是一时学者。"评孙慎行"淇澳以荆川为外祖，述其论文甚悉，而下笔则零星侧出，殊不相似。"

在清代，《明文案》曾被列入禁毁书目，主要是由于其中有些词句犯了清统治者的忌讳，正如清朝军机处大臣上呈皇帝的一份奏折中说："查《明文案》系黄宗羲所录，皆明人各体古文，中间多有干碍字面，应清销毁。"其实这里所指的"干碍字面"的地方，更多的是怕这部书引发读书人对明朝的故国之思。

《明文案》的编成，是对明史史料编纂学的一个重大贡献。比较明代各朝"实录"，《明文案》"其间多有与实录异同。盖实录有所隐，有所偏党，文集无是也。且实录只据章起居注而节略之，一人一事之本末不能详也"。

然而黄宗羲并没有就此而满足，他不辞劳苦，以高龄之身继续奔波跋涉，游踪遍及浙江南北，仍继续不断地收集新的文集，充实丰富《明文案》的内容，此后又在刑部尚书徐乾学、翰林学士徐秉义等友人的支持和帮助下，花了近20年时间，以《明文案》为基础，到康熙三十二年（1693年）黄宗羲84岁高龄时，进一部将《明文案》扩编为《明文海》，计四百八十二卷。

关于《明文海》，王重民先生在其大著《中国善本书提要》中说："考宗羲辑是书始于康熙七年，至十四年七月成书二百一十六卷。后阅徐氏传是楼所藏名集三百余家，又增广为《文海》四百八十二卷。"也就是说，《明文海》是以《明文案》为蓝本扩充而成，但体例已与后者大为不同。据黄百家《明文授读发凡》，可以知道《明文案》以作者生卒先后为序列，选文间有注释和评论，体例与钱谦益《列朝诗集》相仿佛，而与今本《明文海》迥异。后人评价此书，说《明文海》"搜罗极富，所阅明人文集几至二千余家""可谓一代文章之渊薮。考明人著作者，必当以是编为极备矣"。

传世的《明文海》共计四百八十卷，收录作者近千人，选文约四千三百余篇。与《明文案》相比，《明文海》增补文集资料百余种，卷帙增加一倍多。按文体分为二十九大类，有赋、奏疏、诏表、碑、议、论、说、辨、辨问议、考、颂、赞、铭、箴、戒、解、原、述、读、问答、文、诸体、书、序、记、传、墓文、哀文、稗等，各体之下又分若干子目。据《四库全书总目提要》编者评论："宗羲之意，在于扫除摹拟，空所倚傍，以情至为宗，又欲使一代典章人物，惧藉以考见。"

《明文海》的一大特色是收录了相当多的传记。在卷三百八十七至卷四百二十八的传记中，黄宗羲搜寻了名臣、能臣、文苑、儒林、忠烈、名将等二十类人物的传记三百多篇。卷四百二十九至卷四百七十二也以同样的分类方法收录了墓文三百二十多篇。这六百多人的事迹大多在正史中没有记载。在黄宗羲看来，当代人的文章可以补史之不足。这就是他编《明文案》与《明文海》的旨趣所在。这些传记为研究明代正史提供了第一手的资料。

编撰完《明文海》，黄宗羲对儿子说，《文苑英华》为百卷，而明代作者数量超过唐代，所以，"非此不足以存一代之书；顾读本不须如许"，于是"于《文案》《文海》中更拨其冗，加珠圈于题上，以授不孝（黄百家）所读者"，共计六十二卷。

继《明文海》之后，黄宗羲还辑录了一部二百四十二卷的《明史案》，编写有《明三史钞》《明季灾异录》《汰存录》诸书。

《明史案》"条举一代之事，供采摭，备参定也"。《明三史钞》对一代是非作出评判，《明季灾异录》记录崇祯元年（1628 年）所发生的各种灾异现象，并引《宋志》《五经通义》诸书加以注释。可惜的是，《明史案》《明三史钞》《明季灾异录》世间已经无存，只有《汰存录》流传下来。《汰存录》亦作《汰存录纪辨》，是针对时人夏允彝《幸存录》中非难东林党人的言论而撰写的一部具有浓郁政治色彩和个人情感的学术论著。因《幸存录》后被清廷列为全毁书，所以关于《汰存录》和《幸存录》两部作品的观点交锋现在无从查证。

廉熙十七年（1678 年），清廷开设博学鸿词科，次年又开《明史》馆，黄宗羲两次拒绝征召，既不应博学鸿儒之试，也不就史馆供职。这是他忠于故国，不事异朝的基本立场。也因此，黄宗羲官修或私修一部完整的《明史》计划，最终没能实现。但他对编修明史而付出的艰辛努力和卓有成效的劳动，对推动此后明史研究尤其是清政府官修《明史》，产生了积极而重大的影响。

黄宗羲积极支持自己的学生万斯同、陈锡嘏、万言和儿子黄百家参与修史。朝中大臣推举万斯同为博学鸿词科之初，万斯同坚辞不就。后来，大学士徐元文出任修《明史》总裁，又荐黄宗羲入史局。黄宗羲觉得修《明史》，事关忠奸评判和子孙后世的大业，如有万斯同参加，自己可以放心，便动员弟子赴京。万斯同北上，黄宗羲赠给了《大事记》和《三史钞》，并赋诗送别：

送万季野北上

三叠湖头入帝畿，十年鸟背日光飞。

四方声价归明水，一代贤奸托布衣。

良夜剧谈红烛跋，名园晓色牡丹旂。

不知后会期何日，老泪纵横未肯稀。

万斯同遵黄宗羲嘱咐，上京后宁愿寓居徐元文家，而不署衔，不受俸，以布衣入史局，修《明史》，前后19年，写成明史原稿五百卷，这些稿件无一不由原黄宗羲治下阳明派的文件经过审裁后写出，其艰辛异常，为中国史官的楷模，连万斯同自己都说：

史之难言久矣！好恶因心，毁誉随之。一家之事，言者三人，而其传各异，何况数百年乎?！……凡实录难详者，吾以他书证之，他书滥诬者，吾以所得于实录者裁之，虽不敢据闻全可信，而枉者鲜矣！昔宋史病之繁芜，而吾所述将倍焉．非不知简者为贵，而所不取者必非其事与言之真不可益也！

黄宗羲不仅支持得意弟子为清廷修《明史》出力，还贡献出了自己的儿子。黄百家北上时，黄宗羲又写书与之，说道："昔闻首阳二老，托孤于尚父，遂得三年食薇，颜色不坏。今我遣子从公，可以置我矣"。可见，其对修史一直耿耿于怀。

在《叙万氏补历代史表》中，黄宗羲又悲情满怀地写道：

嗟乎！元之亡也，危素趋报恩寺，将入井中，僧大梓云："国史非公莫知，公死是死国之史也"，素是以不死。后修元史，不闻素有一词之赞，及明之亡，朝之任事者众矣，顾独藉一草野之万季野以留之，不亦可慨也夫。

"公死是死国史也"也是支撑黄宗羲活下去的信念，撰修明史，可是他多年的夙愿啊。除了在人力上支持修史，黄宗羲自己为修纂明史而收集编纂的资料，在清廷《明史》馆开局后，大多被史馆征集，成为《明史》修纂者的主要参考资料，成为民间资料提供者中成就最为卓著者。比如《明文案》，对《明史》的编修就起着不小的作用。《明史·列传》多引用奏书原文，即其显例。据统计，《明文案》第十一至三十一卷共收录奏疏86篇，其中有16篇被《明史》全部或大部移录，其中《明史》转载奏疏原文三千字以上的，就有叶伯巨的《上万言书疏》和吕坤的《忧危疏》等。列传大量引用传主奏疏原文，显然是受黄宗羲所编《明文案》的影响。

明史纂修过程中，黄宗羲虽没有直接参与此书的编纂，但他通过经常与明史总裁等人书信往来，探讨明代史事，从内容到体例，发表了许多修史意见，影响着《明史》的修撰。全祖望曾说：

> 公虽不赴征书，而史局大案，本纪则削去诚意伯撒座之说，以太祖实奉韩氏也。《历志》出于吴检讨仁臣之手，总裁千里赆书乞公审正，而后定其论。宋史别立道学传，为元儒之陋，公谓明史不当仍其例。时朱检讨彝尊方有此议，汤公斌出公书示众，遂去之。其于讲学诸公，辨康斋无与弟讼田之事，白沙无张盖出都之事，一说昔人之诬。党祸则为郑曼杖母之非真，寇祸则谓洪承畴杀贼之多诞。至于死忠之籍，南中之难，则张捷、杨维垣以逃窜死，史局依之，资笔削焉。地志亦多取公今水经为考证。

此外，黄宗羲还亲自起草了明史的条例，提出"年月依国史，官爵世系取家传，参详是非兼用稗官杂说"的条例编写方法。

《明史》从顺治二年（1645年）五月开始"钦奉圣谕"修撰，到康熙四年（1665年）重开明史馆，因纂修《清世祖实录》而停止，再到康熙十八年（1679年）以徐元文为监修，最后于乾隆四年（1739年）定稿，进呈刊刻，前后历时94年，成为我国历史上官修史书中纂修《明史》。修纂第一阶段无绩可言，一面是因为南明政权和清廷的战争从未间断，另一面是由于史料的缺乏和人力的不足。康熙十八年（1679年）开始的第二阶段，虽然未能完成《明史》的最终修纂，但却是《明史》成书的关键时期。我们今天所见《明史》之雏形便是在此时形成的。到雍正元年（1723年）为止，《明史》先后完成了四部稿本。一种是万斯同审定的三百一十三卷本，另一种是他审定的四百一十六卷本，都被称为万氏《明史稿》。此外还有王鸿绪于康熙五十三年（1714年）进呈的《明史（列传部分）》二百零五卷本，它是在万氏《明史稿》基础上删削而成的。雍正元年六月，王鸿绪又一次进呈《明史稿》，包括纪、志、表、传，共计三百一十卷，即《明史稿》，为后来刊刻的所谓《横云山人明史稿》。至乾隆四年（1739年），清政府又第三次组织人手修改明史稿，这才形成定稿的《明史》。因为最后一次修书总裁为张廷玉，所以现在通行的《明史》题为张廷玉等撰。然而，《明史》修撰功劳最大的仍非万斯同莫属。

与之前的官修史书相比，《明史》有不少长处。首先，它体例严谨，叙事清晰，文字简明，编排得当。史评家赵翼在《廿二史札记》中，曾将辽宋、金、元诸史和《明史》作了比较，认为"未有如《明史》之完善者"。其次，《明史》史料较为丰富。当时可资的第一手史料很多，除一套完整的明朝各帝"实录"而外，尚有邸报、方志、文集和大量私家史乘。第三，《明史》有些地方持论公允，也能秉直书写。如对袁崇焕被清太宗设反间计杀害一事，以及熊廷弼的功罪问题的记载，都很有参考价值。第四，《明史》在体例上有新的创造，在列传中专列了"阉党""流贼"和"土司"三目。比如《土司传》，专写西南少数民族的情况，分湖广、四川、云南、贵州、广西五个土司传，虽然内容对少数民族有许多污蔑之词，但保存了大量重要资料。今日国内少数民族的历史，大半都可以追溯到明朝初年。这里面的种种，都蕴含了黄宗羲的心血。

录南明史

黄宗羲征存南明历史的著述，其实际数量已无从可考，有些因年代久远散落不明，有些与他人著述相乎穿窜，究竟谁属尚待辨识，有些甚至因于水火之灾而荡然无存，现今传世的主要有《弘光实录钞》《行朝录》《海外恸哭记》和《思旧录》四种。

《弘光实录抄》是黄宗羲所存的一部重要南明史著，它效法历代实录体例，按年、月、日顺序，记录了崇祯十七年（1644 年）五月福王监国于南京，至弘光元年（1645 年）七月，江西巡抚旷昭迎降期间，弘光政权朝野发生的重大事件和人物活动，同时还附有《大臣月表》。对此，黄宗羲自述：

> 寒夜鼠啮，发烛照之，则弘光时邸报，世畜之以为史料者也。年来幽忧多疾，旧闻日落，十年三徙，聚书复阙，后死之责，谁任之乎！先取一代排比而纂之，证以故所闻见，十日得书四卷，名之曰《弘光实录钞》。

《海外恸哭记》是黄宗羲在离开鲁王海上行朝以后，追忆海上飘零愁苦生活经历，期待有朝一日反清复明成功，留以作为创业时起居注的编年体著作，内容为监国鲁王元年（1646 年）六月至六年（1651 年）九月舟山失陷期间，海上行朝内部的活动及与清军交战情况。

《思旧录》，顾名思义，即是他为追念已经故去的昔日师友而作，据黄宗羲给门人郑梁的信中称："老病废人，足不屦地，于枕上想生平交友，一段真情不可埋没，因作《思旧录》。"全祖望说黄宗羲"肠断于甘陵之部，神伤于漳水之湄，缠绵怆恻，托之卮言小品以传者也"。传世的《思旧录》，共记载了 115 位"鼎革以前人物"，包括刘宗周、方以智、顾炎武、张溥、文震孟、祁彪佳、钱谦益、瞿式耜、张煌言、孙奇逢等一代风流人物。尤其难能可贵的是，黄宗羲对友人的得失能够秉笔直书，直畅胸臆，为南明人物研究提供了重要参考资料。

《行朝录》有许多不同的版本，如荆驼逸史本、国粹丛书本、绍兴先正遗书本、海盐朱氏旧藏抄本、黎洲遗书本等，《李慈铭越缦堂日记》云："黎洲自言著此录至数十种，今此本仅六卷，凡十三种，自非完书。"现存此书是后人纂辑而成，所以各本卷数多有不同，如《沙氏乱滇》出自冯再来《滇考》，《江右纪变》为陆世仪所撰，后人不审，汇为一编。绍兴先正遗书本分为十二卷，再卷一篇，第十二卷为《江右纪变》，作为附载，并注明"太仓陆世仪道感述"。

《行朝录》一书记载的是南明有系统的历史。卷一《隆武纪年》记述唐王朱聿键在南都失陷后，率部进驻福建，行为监国，后登帝位，改之隆武。兹摘录如下：

> 思文皇帝，又称昭宗襄皇帝，讳聿键小字长奉。太祖高皇帝九世孙也。父义，封于河南南阳府，以唐藩世子追封裕王。母毛氏。帝生三岁，祖端王惑于嬖妾，囚世子承奉所，帝亦从之。稍长读书，即能识大义，虽处患难而志之不挫。年二十八，尚未靖名，世子为其弟毒死。端王讳之，将传国于次子，分守道陈奇瑜，入韦谓之曰：世子薨逝，不明，若又不立其子，事必发觉。王惧，始为帝清名，主为世孙王薨。

郑芝龙擅权，只知扩张个人势力，不图恢复大计。黄道周率义师迎击清兵，被执殉节。隆武帝在汀州被俘，死于福州。黄宗羲感叹说："帝英才大略……论者徒见不能出关，遂言其好作聪明，自为张大，无帝王之度，此以成败而论也"，认为郑芝龙满足于占据福建一隅之地，"既无鞠躬尽瘁之忠，难责以席卷天下之志。"黄道周、苏观生有儒者气象，"而束缚其手中"，使人不能一展其所长，这是隆武朝迅速败亡的重要原因。

卷二《绍武之主》记述唐王朱聿锷在隆武帝失败后，漂海至广州称帝，建号绍武，苏观生独掌军国事。永历帝劝阻聿锷立国无效，派兵讨伐，绍武帝遣陈际泰抵御。唐兵反败为胜，桂兵覆没。绍武主国仅一月，李成栋率清军破广州，绍武帝被俘自缢。黄宗羲对唐桂之争表示遗憾，赞扬绍武帝从容遇难"亡国而不失其正""宁可以地之广狭，祚之修短而忽这乎？"

卷三、四《鲁王监国》，记鲁王朱以海于弘光元年驻台州，南都失守，潞王降清，浙江义兵烽起，纷纷归附鲁王，请王监国，直到监国八年（1653年）自去监国号。黄宗羲叹道："落日狂涛，君臣相对，知礁穷岛，衣冠聚谈，是故金鳌桔火，零丁飘絮，末罄其形容也。有天下者，以兹亡国之惨，图之殿壁，可以得师矣"。

卷五《永历纪年》记朱由榔在隆武帝死后，先称监国，后即皇帝位，改第二年（1647年）为永历元年，清军取肇庆，帝奔平东，后去桂林，移驻金州，任命瞿式耜为文渊阁大学士，兼吏、兵二部尚书，留守桂林。刘承胤擅权，劫帝至武冈，跋扈不可制。清兵克宝庆刘承胤降。永历二年（1648年），李成栋叛清来归。克复金州、永州、衡州、宝庆、常德等地。由于将领们的内讧，不久尽弃湖南新复州县，一直记叙到永历朝灭亡。黄宗羲悲愤地指出"惟帝当李成栋，金声桓之反正，向非高进库梗之于赣州，则其势必合，合则江左偏安之业成矣。建夫李定国衡州之捷，蹶名王，天下震动永历以来全盛之天下，所不能有功，垂成而败之，可望之肉其足食乎？屈原所以呵笔而问天也！"

卷六《章贡失事》记隆武二年万六吉、构适麟、郭维泠等人在江西抗击清兵，以身殉难的事迹。黄宗羲认为这三人"皆永平贤者，扶危定倾殆非其所长也"。

卷七《舟山失事》记黄斌卿盘踞舟山抗清，松江清帅吴兆胜起义失败，陈子龙等人殉难，鲁王漂泊海上诸事。

卷八《日本乞师》记周崔芝、冯京等两次结日本乞师求援之事。据全祖望所撰黄宗羲神道碑文，黄宗羲曾随冯京等去日本，此卷未曾提及。

卷九《四明山寨》记鲁监国之年，浙江兵败，黄宗羲率五百余人入四明山，结寨固守，导访鲁王消息。因部下与山民冲突，山民焚寨，四明义军星散。鲁监国二年（1647年），王翊、王江复聚兵四明山，坚持斗争至鲁监国六年（1651年），兵败殉难。

卷十《沙氏乱滇》记隆武之年，云南阿迷土司沙定洲哗变，占据省城，追杀黔国公沐天波。刘文秀、李定国相继攻之。尽灭沙氏。

卷十一《赐姓始末》记郑成功在东南沿海抗清，后收复台湾，建立政权的经过。隆武元年（1645年），郑成功入朝，赐朱姓，故题为"赐姓始末"。郑成功经营台湾，自为立国之计，当时曾遭非难，黄宗羲为之辩护说："郑氏以一旅存故国衣冠于海岛，称其正朝，在昔有之。"

卷十二《江右纪变》记金声桓、傅鼎铨、万元吉三人在江西抗清殉难之事。

弘光帝亡后，社会局面愈加混乱，黄宗羲原志于修之成史，奈何不尽得其详，用他自己的话说："向在海外，得交诸君子，颇欲有所论者。旋念始末未备，以俟他日搜寻零落，为辑其成。荏苒三十载，义熙以后之人，各言其世；而某之所忆，亦忘失大半。邓光荐《填海录》不出，世为太史氏之言是信。此聊尔谈，其可已夫！"于是广搜遗逸，根据自己的见闻，成《行朝录》，自称以便将来补史之不足。

黄宗羲全集第十册

此书在清世被列为禁书，至清末民国初才得以刊刻流传。

黄宗羲见闻广博，所论史实大多真实可信，大体说来，由于他与鲁王政权一直保持密切的联系，并曾在政权中任职，随之流亡海上，许多世人所不知的鲁王政权内情于此则得到较为详实的记载。但由于编写时间持续较长，有些是亲历，有些是耳闻，也不免有一些失实之处，尤其是《永历纪事》一卷，因道路阻隔，大都得自传闻，最多讹错。如此书云"丁亥（1647 年）三月，以智弃妻子入山为僧。方以智为僧，实在永历四年（1650 年）。"等等。但瑕不掩瑜，此书仍不失为研究晚明历史的重要资料。

此书卷后的"史臣曰"案语，从政治、经济、军事各方面总结了南明诸朝抗清失利的原因，尤其对南明各王朝为争正统而互相攻伐，有些将领不图复业大计而拥兵自重，诛杀异己提出了严厉的批评，持论公允精当，案语热情歌颂了坚持抗清的仁人志士的高尚之节，对他们的失败表示惋惜，而对南明王朝的相继覆灭表现出极大的悲愤，字里行间流露出深沉的亡国之痛和强烈的爱国热情。

方志野史

方志，又称地方志。顾名思义，它是专门记述天下四方之事的志书。我国编纂方志的历史悠久，历代方志约达万余种，江苏和浙江由于人文荟萃，文化发达，成为方志大省。按内容分，方志种类大体包括综合全国情况的总志和一统志，省志、州志、县志、厅志、乡土志等地区性方志，山水禅林、寺庙、书院、游览胜迹、人物、风土等专志。《四明山志》是黄宗羲第一个结晶。

《四明山志》的编修是一项前无古人的开创性工作，历时一月而成，全书分为名胜、伽蓝、灵迹、九题考、丹山咏、石田山房诗、诗括、文括、撮残等九卷。起初拟交友人陆文虎刻印，后因陆氏故去而不果，"藏于牛箧，鼠齿坐封"，直到康熙十二年（1673年），书成31年后，才由其族侄黄仲简刊出。《四库全书总目》卷七十六《史部·地理类存目五》称：

> 四明山旧称名胜，而岩壑幽邃，文士罕能周历，故记载多疏。宗羲家于北七十峰之下，尝扪萝越险，寻览匝月，得以考求古迹，订正讹传。乃博采诸书，辑为此志，凡九门。宗羲记诵淹通，序述亦特详赡，惟所收诗文过博，并以友朋唱和之作牵连附人，犹不出地志之习。又既列名胜，复以皮、陆《九题》《丹山图咏》《石田山房》别出三门，其诸门之内，既附诗于各条下，又别出《诗括》《文括》二门，为例亦未免不纯也。

这里所讲的"收诗文过博，并以友朋唱和之作牵连附人"的批评，从今日的立场来看，非但不是缺点，反而还是一大优点。兹录《游雪窦》两首，欣赏四明山山色之美：

其一

平生性野多违俗，长望云山叹式微；
暂向溪流濯尘冕，益怜薜萝胜朝衣。
林间烟起知僧住，岩下云开见鸟飞；
绝境自余麋鹿伴，况闻体远悟禅机。

其二

僧居俯瞰万山尖，六月凉飚早送炎。
夜枕风溪鸣急雨，晓窗宿雾卷青帘。
开池种藕当峰顶，架竹分泉过屋檐。
幽谷时常思豹隐，深更犹自愧蛟潜。

黄宗羲治志，倡导走出书斋进行实地考察的科学研究方法，与顾炎武同开一代新学风。黄宗羲主张"推物理之自然"，从自然本身去寻找物理，反对祥异神化的瞽说，这些建筑在科学基础上的无神论思想，是中国思想史上的宝贵遗产。此后，黄宗羲又于顺治十七年（1660年）撰成了《匡庐游录》，晚年还和儿子黄百家一起，以草野身份，参与了《余姚县志》的编纂工作，为志馆撰写了部分志稿。在编修县志过程中，黄宗羲始终恪守史家客观求实的宗旨，拒绝请托，秉笔直书，对某些世家大姓或欲将其先祖窜入乡贤志，或欲从文苑志改入儒林志，或对列女事迹虚词滥说的做法，坚决予以抵制，不以虚笔假史欺世，甚至不惜与他们结下怨仇，树立了很好的榜样作用。

黄宗羲在长期的史学实践中，提出了一个鲜明的治史主张，即提倡对野史和私人文集中的史料搜集，注意对碑版、传状文字的研究和利用，从而极大地拓宽了史学研究的视野，增强了史学著述的全面性和真实性，为史学研究走向一条健康、广阔的发展道路起到了积极的推动作用。

碑版是指镌刻于石碑上的书法、文辞。其中，为安葬设立的称"墓碑"，也称"墓表""墓碣"；列于墓道前者称"神道碑"，入墓穴者称"墓志"，或称"墓志铭""圹铭"。传状是记述个人生平事迹的文章，一般来说多为记述那些在历史上较有影响而事迹突出的已死的人物生平事迹，多采取叙述、描写等手法展示人物的生平风貌。碑版传状，多是死者亲属，请死者生前好友或当世名士而作。虽然文字往往失之于溢美，但其中保存有大量珍贵的历史资料，可以弥补正史之不足。黄宗羲就提倡用严肃的史笔和规范的体例来撰写这类文字，他说：

> 夫铭者，史之类也。史有褒贬，铭则应其子孙之请，不主褒贬，而其人行应铭法则铭之，其人行不应铭法则不铭，是亦寓褒贬于其间，后世不能概拒所请。铭法既亡，犹幸一二大人先生一掌，以埋江河之下。言有裁量，毁誉不淆，如昌黎铭王适，言其谩妇翁；铭李虚中、卫之玄、李于，言其烧丹致死；虽至善若柳子厚，亦言其少年勇于为人，不自贵重，岂不欲为之讳哉？以为不若是，则其人之生平不见也，则吾所铭者，亦不知谁何氏也，将焉用之？

在实际编写史著过程中，黄宗羲大量征引了这类作品，以《明文海》为例，其卷六十七至七十三、卷一百二十四、卷三百八十七至四百七十八收录的全是碑铭传墓文等。不仅如此，他还身体力行撰写了大量的墓志铭和行状。在《南雷文定凡例》中，他说："余多叙事之文，有史书所未详者，于此可见，其有裨于史事之阙文一也。"另外，黄宗羲还有独立行成书的《子刘子行状》和《黄氏家录》。

不但如此，黄宗羲一生还用史家笔法撰写了大量碑铭墓表，如他写丘吁抚六合时"单骑入城""为民请命"，写他为刑部郎中时"平反大狱数十条，大力之喜怒不能动摇"。写他出守汉阳时"裁量军需，无仓促匡襄之患。晨其坐堂皇，庶民直入奏事，不设遮拦，晓指枉直，无不满志而去"。大吏到晴川阁视察，索要藤床，丘吁把大吏带去看自己的卧榻，"乃白板也"。通过黄宗羲之笔，一个循吏的形象活脱脱地出现了。在《王仲伪墓表》中，他写道："此纸不灭，亦知稽山块土，曾塞黄河也"，强烈的历史感力透纸背。再如他在《兵部左侍郎苍水张公墓志铭》

中这样记载：

> 宋明之亡，古今一大厄会其传之忠义与不得传者，非他代可比；就中险阻艰难，百挫千折，有进无退者，则文文山、张苍水两公为最烈……间尝以公与文山、并提而论，皆吹冷焰与灰烬之中，无尺地一民可据，止凭一线未死之人心，以为鼓荡，然而形势昭然者也，人心莫测者也；其昭然者不足以制，其莫测亦从而转矣；唯两公之心，匪石不可转，故百死之余，愈见光彩，文山之《指南录》，公之《北征纪》，虽与日月争光，可也。

这篇墓志铭读之催人泪下，不仅有极高的史料价值，还有着积极的教育意义。在个别行状和墓表中，黄宗羲还不失时机地对他们学术见解的得失短长发表看法。如《谈孺木墓表》中，有这样一段赞赏的话：

> （谈迁）好观古今之治乱，其尤所注心者，在明朝之典故，以为史之所凭者《实录》耳，《实录》见其表，其在里者已不可见。况革除之事，杨文贞未免失实，泰陵（明孝宗）之盛，焦泌阳又多丑正。神（宗）、熹（宗）之载笔者，皆宦逆奄之舍人。至于思陵（明思宗）十七年之尤勤惕励，而太史遁荒，皇初烈焰，国灭而史亦随灭，普天心痛。于是汰十五朝之实录，正其是非，访崇祯十七年之邸报，补其缺文，成书名曰《国榷》。

难能可贵的是，黄宗羲对野史易犯的错误和通常存在的问题，有着清醒的认识，他看到"自魏晋以来，碑版之文多借文人以助华藻。故言张必言张仲，言田必及田单、千秋，言辛必有辛有，言李必及老聃"。为此，他强调，"事以征信为贵，言以原情为定，宁为断烂之朝报，无为陵驾之古文，史学其过半矣。"这也是他能超越同时代许多学者的地方。

创学术史

黄宗羲学识弘博，融通百家，史学造诣犹深。而其史学研究成就最大者又在思想学术史方面，《明儒学案》和《宋元学案》就是这方面的代表作。《明儒学案》是我国古代第一部完整的学术史著作，开创了史学上的学案体史书体裁。中国古代史学中比较著名的史书体裁是《春秋》《左传》开创的编年体裁，《史记》《汉书》开创的纪传体裁，《通典》开创的典制体裁和《通鉴纪事本末》开创的纪事本末体裁。《明儒学案》是继上述几种史书体裁之后又一种重要的史书体裁，适应了我国封建社会后期学术思想繁荣的需要。学案体裁中的"学"指学术、学派，而"案"则谓考察、按据，是叙述学派源流及其学说内容、考按学术事件而加以论断的专门史学著述形式。在黄宗羲之前，宋代朱熹作《伊洛渊源录》，明代刘元卿作《诸儒学案》、冯从吾作《元儒考略》、周汝登作《圣学宗传》，明末清初孙奇逢作《理学宗传》，虽有学术史的萌芽，但只反映学派源流，撰写学者人物传记，不能反映各家各派的学术宗旨，仍然属于纪传体史书的范畴。《明儒学案》把明代各派的学术渊源、学者传记和学术宗旨有机结合起来，构成一部系统完整的学术思想史巨著。继此之后，清前期黄百家、全祖望在黄宗羲逝世后续撰《宋元学案》，清后期唐鉴撰《国朝学案小识》，民国徐世昌撰《清儒学案》，一脉相承，对中国史学发展产生了很大影响。

后世对黄宗羲的研究，其中一个突出内容就是黄宗羲对学术史的贡献。梁启超把他和司马迁、杜佑、袁枢、司马光、郑樵并称为中国史学史上的"六君子"，理由就是他"创为学史之格"。仓修良也大力张扬此见，认为"黄宗羲在史学方面的贡献，今天所能看到的最显著者自然莫过于《明儒学案》的著作"。楼毅生在《论黄宗羲的史学思想及其影响》一文也认为："黄宗羲在史学上最杰出的贡献，是他对学术思想史的研究。"

《明儒学案》记载了有明一代近三百年学术发展演变的概况，于康熙十五年（1676年）完成，由于种种原因，开始只有手抄本流传，直到康熙三十一年（1692

年），有一个叫贾醇庵的人才将此书刊行于世。那一年，黄宗羲已经 83 岁了，他听到了这个消息非常兴奋，不顾重病在身，让黄百家记下了他为本书口授的序言。

《明儒学案》是中国历史上第一部学术史，同时也是一种体例创新、立论精当的全新的史学著述。《明儒学案》凡六十二卷，据明儒各家治学宗旨分类，共列崇仁、白沙、河东、三原、姚江、浙中王门、江右王门、南中王门、楚中王门、北方王门、粤闽王门、止修、泰州、扩泉、诸儒、东林、蕺山等十九个学案。每案先列小序，介绍所述学案的源流、要旨及其特点；次为该案的主要学者小传，论其生平、思想、重要著作等；最后摘录他们的文集、语录，用以反映各案学者的基本学术状况，黄宗羲自加按语，就其长短得失进行评价，既表明了作者本人的思想观点，也便于读者阅读了解。此外，书中还前列"师说"，后设附案，分别介绍作者认为有别于各案人物的有关学者的情况。全书总共评述了有明一代两百余名重要学者的学术活动及其学术思想。

由于作者深谙"讲学而无宗旨，即有嘉言，是无头绪之乱丝也"的道理，又有编修《明文案》所网络的广泛材料和近承蕺山、远宗陆王的扎实心学根底可资凭借，因此，不但能做到"所编皆从各自文集中纂要钩玄，未尝因袭前人旧本"，而且，还寻源溯委，别统分支，"秩乎有条而不紊""绝不执己意为去取，盖以俟后世之公论焉尔"。

《明儒学案》以王阳明心学发展演变为主线，全面系统地反映出明代学术发展的全貌。明代前期，朝廷大力提倡程朱理学。但是，随着明代中期各种社会矛盾不断激化，维护传统伦理纲常的理学思想已经不能适应社会需要，逐渐趋于保守和沉寂。到明代中叶，王阳明建立起了心学理论体系，取代程朱理学成为思想界的主流。后来心学体系逐渐分化，产生了不同的流派。黄宗羲著《明儒学案》，准确地把握了明代心学酝酿、形成、繁荣和分化的轨迹，揭示出明代学术发展的主线。他说："有明学术，白沙开其端，至姚江而始大明。……后来门下各以意见掺和，说玄说妙，几同射覆，非复立言之本意矣。"

《明儒学案》注重阐明各派学术思想的宗旨，把握诸家学术的精髓。黄宗羲鉴于宋元学者《语录》荟撮简编、去取失当，使读者难窥前人学术精神的弊病，特别强调准确把握各派学术宗旨。他指出：

大凡学有宗旨，是其人之得力处，亦是学者之入门处。天下之义理无穷，苟非定以一二字，如何约之使其在我！故讲学而无宗旨，即有嘉言，是无头绪之乱丝也。学者而不能得其人之宗旨，即读其书，亦犹张骞初至大夏，不能得月氏要领也。

这段话是说，学者讲学贵在阐明宗旨，而评价前人学术尤其需要把握其人宗旨，否则就会像汉代张骞初次赴西域联络大月氏那样无功而返。正因为他有这样明确的认识，才能于各家学术中纂要钩玄，准确揭明其学术宗旨。黄宗羲的编纂思想是阐明各家各派的自得之学，把握学术思想的真谛。他说：

学问之道，以个人自用得着者为真。凡倚门傍户、依样葫芦者，非流俗之士，则经生之业也。此编所列，有一偏之见，有相反之论。学者于其不同处，正宜着眼理会，所谓一本而万殊也。以水济水，岂是学问！

因此，黄宗羲对于每一个学派和每一个学者的学术思想，都尽量揭明其治学宗旨，让世人明了他们的学术精髓。《明儒学案》中这样的事例随处可见，例如把陈献章的治学宗旨概括为"主静""自得"，把王阳明的治学宗旨概括为"慎独"等。

就《明儒学案》而言，黄宗羲的学术史观主要体现在以下三个方面。其一，根据"按年编年，不炫耀文采"的著书原则，纂要钩玄，兼综百家，强调尊重历史事实，反对空洞无物，随意褒贬和形式化的文风。将治史与"万民之忧乐"相联系，力求"通知一代盛衰之始终"。《明儒学案》中，黄宗羲对各个学派采取兼容并包的态度，不论其学术倾向如何，都酌情收录，力求体现出明代儒家思想学术的全貌。除王阳明心学以外，还有《崇仁学案》和《河东学案》的程朱理学，《三原学案》的关学，还有白沙、止修、甘泉等心学别派以及明末作为王学修正的东林、蕺山学派。有的学者其学派归属难以确定，则统归于《诸儒学案》。这种不拘一格、百家兼综的做法，反映了黄宗羲的学术自觉精神。在修改后的《明儒学案·自序》中，他批判了那种学术上"必欲出于一途"的成见，认为如果固持一说，不能稍有异同，那只能扼杀学术生机，断送学术生命，"使美厥灵根，化为焦芽绝港"。黄宗羲还指出，圣贤之道体现在百家之学中，百家之学虽然内容有异，但求道之心则相同。正是基于这样的学术史观，《明儒学案》便能够兼容并包，网罗百家之说。

不仅如此，为尽可能真实地反映各学派思想学术的原貌，黄宗羲还特别重视文献材料的搜罗，避免以偏概全。《明儒学案·发凡》说："每见钞先儒语录者，荟撮数条，不知去取之意谓何？其人一生之精神未尝透露，如何见其学术。是编皆以全集纂要钩玄，未尝袭前人之旧本也。"

其二，注重揭示各学者、学派的学术宗旨，不避"一偏之见""相反之论"。黄宗羲不仅排除门户之见，对各个学派兼收并蓄，而且注意保留各种"相反之论"。

其三，也是被后世最为称道的，即文中透露出来的民主思想。最典型的例子是厨师出身的王艮，他师从王阳明学习王学，后自立一派，形成了所谓的泰州学派。在这一点上，黄宗羲不搞等级尊卑制度，而一律平等，这在当时甚至在今天都是非常了不起的。泰州学派中还有樵夫出身的朱恕、陶瓷匠出身的乐吾等人，在当时都不被人们所重视，但黄宗羲仍然保有一个大学人的风范，海纳百川，将民主的思想体现在了学术著作当中，有些思想甚至还体现了人权、民治、君服务于民等内容，可以说开了中国思想文化史的先河。

黄宗羲在《明儒学案》和其他著作中所反映的哲学思想基本上是唯物主义的。长期以来，思想界关于理（精神）、气（物质）的争论非常激烈。黄宗羲明确指出：从古到今，天地之间"无非一气"。又说："理为气之理，无气则无理"；"理根于气，不能独存"。这即是说：天地万物从根本上说都是"气"即物质的；而精神则来源于物质，精神不能离开物质而独立存在。他认为"气自有条理"，意即物质具有自身的规律性。又进而说："气无穷尽，理无穷尽"；"物无穷尽""日新不已"。总之，在他看来，物质运动是没有止境的，因此人的认识同样也是没有止境的。

《明儒学案》在刊印之前，就已引起许多学者的重视，彼此传抄。问世后，清代学者推崇备至，全祖望就认为这本书是"有明三百年儒林之薮也"。就连禁书极严的清朝统治者在乾隆年间编修《四库全书》时也收录了此书。《四库全书总目提要》虽然对此书价值有所贬低，说它在学术上存门户之见，但也不得不承认该书对于考见各派学术的源流得失以及明末党派之争，有借鉴作用，"亦千古之炯鉴矣"。以后的《四部备要》和《国学基本丛书》都收录了此书。

黄宗羲在写完了《明儒学案》后，便开始着手编著《宋元学案》，将研究视野投向宋元两朝的学术史，"以志七百年来儒苑门户"，构建他对朱明理学研究的完整学术体系。《宋元学案》也称《宋元儒学案》，是《宋儒学案》和《元儒学案》的合称。之前，黄宗羲曾经接触整理过一些宋代儒学文献，编过一部三卷本的《宋史丛目补遗》，注释过宋朝遗民谢翱写的《西台恸哭记》和《冬青树引》，还有编辑未竟的《续宋文鉴》《宋元文案》，并对《西台恸哭记》进行了两次注释等等。然而，"宋学宗派，支流颇为复杂，而其传授又甚广远，自庆历以迄宋亡二百余载，且逮元代，继起者犹有数魁儒。此中起伏盛衰，称废辨析，而各家学说又递有差异"，《宋元学案》编著工程的艰难可想而知。

可惜的是，这部鸿篇巨制只完成了十七卷，黄宗羲就离开了人世。接着，他的幼子黄百家续修了一小部分。同时参与编修的还有黄宗羲的弟子杨开沅、顾湜、张采等。乾隆十一年（1746 年），私淑弟子全祖望接过了《宋元学案》未完成的遗稿，全力以赴加以修订。同样可惜的是，当他完成全书十分之六、七时，也不幸于乾隆二十年（1755 年）病逝。此后，黄宗羲的玄孙黄璋和他的儿子继续努力，编就了八十六卷的《宋元学案》稿。其后，学者王梓材将几种底稿合在一起，加以整理校补，编定为百卷本，由冯云濠出资刊刻。在黄宗羲死后 143 年，即道光十八年（1838 年），冯氏刻本刻成印行，这是《宋元学案》最早的刊本。这部经几代人持续努力才最终臻于完成的巨著，终于问世了。

不能否认的是，黄宗羲在《宋元学案》中的作用依然是最为突出的，不仅全书的底稿出自他手，书中保留有他的六十五条案语，而且续修、增补的工作，也都是按照他生前拟定的凡例和编撰思想进行。

黄宗羲撰写《宋元学案》时，在编纂方法上比《明儒学案》又有所改进。在宋、元两朝每个学案之前，先列一"表"，介绍了师生、师友的关系和各派的支流，使读者对该派的师承脉络一目了然。在各个学案之后又有"附录"，搜集了同时代人及后人的评价，包括肯定的和否定的各种意见。这是一种客观的记述方法。

在史学领域内，黄宗羲能够不断做出重大贡献的原因，在于他具有卓越的史学思想和研究方法，首先在研究史学时，黄宗羲态度端正，目的明确。治学方法又广搜博采，不靠传闻，重视史料的甄别。其次，他研究史学时，没有单纯停留在政治史、学术史的范围之内，还旁及地理、天文，数学等方面，并且都作了比较深入的钻研。再次，黄宗羲还十分重视内容文字的组织和编排即编纂方法。最后，他对待任何一个历史人物或事件，都能从当时历史实际出发，加以分析观察，因而能够得出较为客观的结论。

第四章 黄宗羲启蒙思想

康熙二年（1663年），年过五旬的黄宗羲在10年前撰写的《留书》的基础上，又完成了一部启蒙主义杰作《明夷待访录》。它是黄宗羲唯一的一部政治专著，是他结合自己几十年斗争实践研究历史和明代政治所作的总结。这本书猛烈抨击封建君主专制制度，断言"为天下之大害者，君而已矣"，主张改革土地、赋税制度，提出"工商皆本"的先进思想，批判了传统的农本工商末的观点，全书闪耀着民主主义的光芒，也因此奠定了黄宗羲中国启蒙思想先驱者的地位。

民主思想

《明夷待访录》草成于清康熙元年（1662年），次年冬补充修改完毕。全书分为原君、原臣、原法、置相、学校、取士、建都、方镇、田制、兵制、财计、胥吏、奄宦等十三个部分。书名中的"明夷"二字是《易经》中的一卦，卦象为坤上离下，即，坤为地，离为火，象征沉沉大地下隐藏着光明的火种，以此来喻贤者在困境之中，外似柔顺，内心明智。这显然寄寓了黄宗羲对明亡和抗清失败的痛心和疾愤。当代哲学史家冯契先生则称此书是"中国历史上第一部系统地阐述民主主义思想的著作。"

《明夷待访录》的诞生有其深刻的社会背景和历史原因。明朝灭亡的历史，使他初步看清了封建统治阶级的丑恶本质。清兵攻占各地时的暴行，加深了他对封建统治者残酷本性的认识。正当各地人民反抗清初残酷统治之时，腐朽的南明王朝反而成了抗清斗争的绊脚石，这种鲜明的对比深深印入他的心里。黄宗羲一直思索着社会动乱的根源。在数十年的斗争风浪里，他看透了封建统治者的狰狞面目。在严重的社会危机和民族压迫面前，他察觉了封建专制主义的祸害。因此，在论述政治的著作中，黄宗羲的矛头直指封建专制制度，到处显露出对封建社会进行批判的锋芒。

在《明夷待访录》中，黄宗羲采用历史比较的方法，探讨社会治乱的原因，寻求医治病态的封建社会的良方。正如他在本书的序中所说，此书是他向往"三代之盛"而写成的一部"为治大法"。全祖望在为《明夷待访录》写的跋中说，此书"原本不止于此，以多嫌讳，弗尽出"。顾炎武在读了《明夷待访录》后给黄宗羲写信说：我把《待访录》读了几遍，于是知天下未尝无人。有了这部书，百王之弊就能够祛除了，而三代之盛也就可以慢慢恢复了。又说，古代的仁人君子，著书立说，都是为了等待后世贤明君主的到来，从而推行其主张。这就和黄宗羲自己在《明夷待访录·序言》中说的"我已经老了，就如同箕子被访时差不多。但是，我怎么能因为太阳受到了伤害，就不说话了呢？"恰好互相印证。

在《明夷待访录》一书中，黄宗羲认为，给当今社会带来祸害最大的是君主，"为天下之大害者，君而已"。而在君主制问题上的一个关键，是人们不知道君的职分是什么。他指出：君主的真正的职责应当是为天下万民兴利除害，使"天下为主，君为客"。

黄宗羲为反对封建统治阶级对人们正当利益要求的扼杀，提出了自私自利是人的本性的观点。这在当时是具有进步意义的。他说：

> 有生之初，人各自私也，人各自利也，天下有公利而莫或兴之，有公害而莫或除之。有人者出，不以一己之利为利，而使天下受其利，不以一己之害为害，而使天下释其害。此其人之勤劳，必千万于天下之人。

这一自私自利的结果就是天下的公利没有人去兴办，天下的公害没有人去除掉。这时候就需要有一个人来领导大家兴公利、除公害，他必须"不以一己之利为利，而使天下受其利；不以一己之害为害，而使天下释其害"，因此，这个人所付出的劳动必定会千万倍于天下之人。

而这也是古时候的人们并不怎么看重君位的原因。如尧帝时候的许由和夏代的务光，就都不愿做君主。为什么古代之民不恋王权显位？黄宗羲回答说：古代的人民把天下看作是主，把君看作是客。君主辛辛苦苦操劳一生，只是为天下万民谋求福利，自己则一无所得。因此，古代的君主不是奴役人民的贵族，而是为民服务的公仆，而好逸恶劳又是人之常情。所以大家都不贪恋君位了。

但是，自周以后，情况就不同了，君主和天下的关系渐渐被颠倒，变成了天下为客，君为主。黄宗羲说：当今之民则把君看做主，把天下视为客。如此一来，天下之民纵然没有立锥之地，也仍要老老实实地接受君主的统治，从而保持社会的安定。因为这都是为了君主啊！以皇帝为首的封建统治集团对自己是一套，对天下人民又是另一套。他们自己在大捞其利的同时，又不断地向人民宣传贵义贱利的说教。天长日久，就使得天下百姓不敢自私，不敢自利。这样一来，天下百姓的大公无私，就成了君主的莫大之私，同时，建立在万民痛苦之上的封建君主的一人之欢乐，本是私中之大私，却被美化为天下之大公。

由于封建君主把天下看成是自己的"莫大之产"，因此在争夺这一产业的过程中，就去荼毒人民的肝脑，离散人民的子女，如此血腥残酷，他们不但不感到惭愧，反而还恬不知耻地说：我这是在为我的子孙创业啊！当他们得到天下以后，又"敲剥天下之骨髓，离散天下之子女，以奉我一人之淫乐"。他们像使用奴隶那样来使用天下百姓，并且还说什么：这是我产业的花息啊！由此，天下百姓怨恨其君，"视之如寇仇，名之为独夫"，是理所应当的。

面对中国后期封建社会中的这一严酷现实，黄宗羲大声质问：难道天地之大，于万人万姓之中，就应该单单偏袒君主一人吗？黄宗羲认为：杀死商纣的周武王是圣人，孟子"民为贵，君为轻"的呼喊，是圣人的呼喊。黄宗羲还深刻地指出，既然天下是一个大产业，那么，天下之人谁不希望得到它呢？以君主一个人的智力和能力，又怎能胜得过那么多企图夺取天下的人的智力和能力呢？因此，黄宗羲认为，任何夺取了天下的君主的统治都是暂时的，其最终结果都是天下重归他人之手，区别只在于统治得好一点的君主，可维持数世，统治得不好的君主，则有可能祸及自身。

同时，黄宗羲以启蒙思想家的大无畏精神，勇敢地向"君叫臣死，臣不敢不死"这一"君为臣纲"的封建社会政治准则提出了挑战。他要求人们明确，臣并非"为君而设"，而是"为天下也，非为君；为万民也，非为一姓也"。他认为，如果每个做臣的人真正明白了自己的这一职分，那么即便是君主用形威和权势来强迫我，也不敢苟且屈从，即便是立身于朝廷之上，对于君主的"不道"言行，也不敢盲目认同。只有这样做臣才合乎为臣之道，只有这样的臣，才是真正的臣。

黄宗羲主张重建一种以师友关系为基本内容的新型的君臣关系，"臣出而仕于君也，不以天下为事，则君之仆妾也。以天下为事，则君之师友也。"如此一来，臣的使命就是规劝君主避免过失，臣即贤臣。

黄宗羲在对中国封建社会进行深入剖析的时候，还发现其正走向衰亡和崩溃的另外一个原因是由于它没有真正的法。他认为，中国封建社会中所谓的"王法"，不过是维护封建特权的护身符，它直接反映和代表着封建贵族阶级的利益，说到底不过是君主的一家之法，而不是维护万民利益的天下之法，不是真正的法。

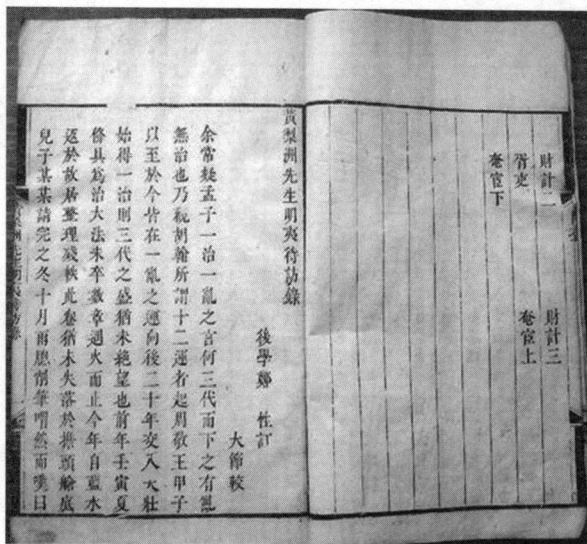

《明夷待访录》郑性订二老阁刊本

"贵贱来自因果"，其实质也是在为封建等级制度唱赞歌。黄宗羲认为，只有夏、商、周三代的法才是真正的法。他说，三代以上有法，三代以下无法。因为三代之法是为了维护天下万民的利益而制定的，而不是为君主的一己之利而立。

又说：古代的帝王知道天下万民不能没有饭吃，所以就分给他们田地让他们耕种；知道天下万民不能没有衣穿，就分给他们土地让他们植桑养蚕；知道天下万民不能没有教化，就为他们兴办学校，制定礼仪，创办军队，凡此等等，都未尝为君主一己而立。黄宗羲指出：三代之法的根本精神就是立天下之法，以天下治天下，把天下这一莫大之物交给天下人，让天下万民自己来管理，把山泽珍宝都放诸四海之中，刑罚奖赏也不一定出自君主一人。按照这样的法律，在朝廷做官的人不一定高贵，在草莽为民的人也不见得低贱。所以，三代之法，虽然其条文不多，但用它来治理天下，没有一个当权者穷奢极欲，也没有一个老百姓为非作歹。因此，三代之法是"无法之法"，是真正的天下之法。

黄宗羲指出：三代以后的封建王法都是把天下藏在一个"筐箧"当中，对"筐箧"中的"福利"，封建君主总是牢牢地拢紧，唯恐把它遗漏给天下万民。于是，封建君主就想法用另外一个人和另外一种方法来牵制前一个官员的私心；封建君主在让某一官员做一件事时，总是怀疑他会不会欺骗自己。法网愈密，疑惧愈多，祸乱愈深，治乱之法最终变成了致乱之源。黄宗羲得出结论：要想拯救病态的中国社会，改变天下的混乱局面，就必须用天下之法来代替一家之法，用法治来代替人治。这个"天下之法"是理想的，实际上是市民阶级的平权要求，"贵"的支配阶级和"贱"的被支配阶级在形式的法权上是平等的。这就由人权的平等推论到法律的平等。有了这个"治法"然后才有"治人"。他说：

> 吾以谓有治法而后有治人。自非法之法桎梏天下人之手足，即有能治之人，终不胜其牵挽嫌疑之雇盼，有所设施，亦就其分之所得，安于苟简，而不能有度外之功名。使先王之法而在，莫不有法外之意存乎其间。其人是也，则可以无不行之意；其人非也，亦不至深刻罗纲，反害天下。

虽然黄宗羲的托古改制仅仅是一种幻想，但他要求建立一种"人各得其私，人各得其利"的天下之法，则不自觉地反映了刚刚萌芽的资产阶级要求发展资本主义私人经济的愿望。黄宗羲关于"立天下之法"的思想是早期资产阶级向封建特权阶层进行斗争的强有力的思想武器，因而，它代表了一种新生的进步的社会力量。

黄宗羲还提出一种监督政府的制度,这涉及他理想中的新型学校。他提出,作为全国最高学府的负责人"太学祭酒",要推择当世大学者担任,其地位与宰相相等。每月初一日,皇帝、宰相及其他大臣都必须到校听祭酒讲学。皇帝在听讲时"亦就弟子之列""政有缺失,祭酒直言无讳"。也就是说,皇帝要以普通学生的身份坐在他们中间,而祭酒得以率直地对朝政的缺失提出批评意见。黄宗羲认为:

> 学校所以养士也。然古之圣王,其意不仅此也,必使治天下之具,皆出于学校,而后设学校之意始备。……天子之所是未必是,天之所非未必非,天子亦遂不敢自为非是,而公其非是于学校。

至于地方学官,他认为不可由政府选派,而应由地方"公议",请著名学者来担任。每月初一、十五,地方学校讲学,地方官也"就弟子列"。讲学时,对"郡县官政事得失,小则纠绳,大则伐鼓号于众,向民众公布官府的错误。总之,无论在中央或地方,要借助于学校议政,发动舆论,来削弱封建君主专制制度。

总的说来,黄宗羲反对君主专制,抨击君主专制下的种种弊端,而并不反对君主制度政体本身,甚至认为"夫人主受命于天,原非得已",这正是他的思想局限性之所在。然而,《明夷待访录》的过人之处,最主要的就在于,它从总结历史经验和教训的角度出发,高举民本思想的大旗,对秦汉以来封建君主专制体制的诸多弊端,进行了猛烈的抨击,在君权神圣不可侵犯、非正统思想一直备受桎梏和打压的年代,为疗治封建专制体制的弊端开出了一剂猛药,描绘了一幅明君圣主治下的理想社会的蓝图,为当时僵滞浑噩的思想界吹来了一股凉爽的清风。

近代著名学者梁启超称《明夷待访录》是"他的政治理想,从近日青年眼光看去,虽平平无奇,但三百年前(作者注:应为一百年)——卢骚(卢梭)《民约论》出世前之数十年,有这等议论,不能不算人类文化之一高贵产品"。又说:"此等论调,由今日观之,固甚普通,甚肤浅;然在二百六七十年前,则真极大胆之创论也,故顾炎武见之而叹,谓'三代之治可复'。""我们当学生时代,(《明夷待访录》）实为刺激青年最有力之兴奋剂。我自己的政治活动，可以说是受这部书的影响最早而最深！"而后梁启超、谭嗣同辈倡导民权共和之说，则将其书节抄，印数万本，秘密散布，于晚清思想之骤变，极有力焉。从梁启超的这些论述中，我们可以看到《明夷待访录》确实成了晚清戊戌变法和资产阶级民主主义革命的思想武器。因此，他的《明夷待访录》在中国近代史上起到了类似资产阶级"人权宣言"的作用。

经济思想

在《明夷待访录》中，黄宗羲还提出了"工商皆本"等先进的经济思想。

中国封建社会的经济是一种自然经济，其突出的特点就是个体农业和个体手工业的结合。这就决定了中国封建社会没有独立的工业和商业，同时也决定了"崇本抑末"这一思想观念成了两千多年封建社会历史所一贯具有的倾向。其所谓"本"就是指农业，"末"则是指工商业。黄宗羲是中国历史上第一个把农业为本、工商为末的思想观点颠倒过来、从而主张工商自由的人。

明朝中后期，东南沿海地区出现了资本主义萌芽性质的工商业。封建统治阶级唯恐这一新生的萌芽危及其封建基础，担心"市肆之中多一工作之人，即田亩之中少一种植之人"，顽固推行"崇本抑末"的封建社会政策。就是在这样的背景下，黄宗羲站在城市自由民一边，要求为工商业的发展扫除障碍，在中国历史上第一次提出了"工商皆本"的口号。

值得注意的是，黄宗羲并不是一般地反对"崇本抑末"这一提法，而是主张对这一说法进行具体分析，搞清楚何者为本，何者为末。他指出：古代圣王所言末，并不是指工商，而是指一切不切民用的东西，如佛教、巫术、乐舞、奇技、淫巧等等，即属此类。因为从事这类活动的人，都是一些不事生产的寄生虫，他们不但自己不创造财富，而且还白白地给社会浪费财富。这些行业就是我们所说的"末"，抑制和驱除这样的"末"是必要的。他说：

习俗未去，蛊惑不除，奢侈不革，则民仍不可使"富"也。何谓习俗？……婚之筐篚也，装资也，宴会也，丧之含殓也，设祭也，佛事也，刍灵也，富者以之相高，贫者以之相勉矣。何谓蛊惑？佛也，巫也。佛一耳，而有佛之宫室，佛之衣食，佛之役使，凡佛之资生器用无不备，佛遂中分其民之作业矣。巫一耳，而资于楮钱香烛以为巫，资于烹宰以为巫，资于歌吹婆婆以为巫，凡齐醮祈赛之用无不备，巫遂中分其民之资产矣。何谓奢侈？其甚者，倡优也，酒肆也，机坊也。倡优之费一夕而中人之产，酒肆之费一顿而终年之食，机坊之费一衣而十夫之暖。故治之以本，使小民吉凶一循于礼，投巫驱佛。

与"末"相对应，所谓"本"，则是指一切能够为民所用、对民有益的东西。在这个意义上，黄宗羲认为农、工、商都是"本"，因为它们都是推动生产力发展和社会前进的力量。但是，后世小儒不懂得这一点，顽固地以为工商就是"末"，这是对古代圣王"崇本抑末"思想的歪曲。事实上，"工"恰恰是古代圣王致力于发展的行业，"商"则是一些喜欢流通活动的人自愿从事的行业，这两者于国于民都很重要，因此，都是"本"。近代资产阶级民主革命者邹容在《革命军》一书中，就反对贱视工商，反对把商贾贬为"末务"。黄宗羲工商皆本的思想实开其先河。

为了促进工商业的发展，黄宗羲还主张改革货币制度、整顿市场、调整物价、扩大贸易。为了实现这些主张，他提出应当废止金银作为货币的流通手段。因为金银数量极少，其开采又都由宫奴所把持，这就使得金银如水赴壑一样流向宫廷，为宫廷所垄断，从而使得民间金银日趋亏竭。遇到太平的年岁，还有一些商贾官吏在与老百姓的交往中使朝廷的金银返回民间一部分，但很快又被一些富商大贾和达官猾吏通过各种渠道收走。由于金银"往而不返"，普通百姓手中难得有金银，这就使得金银作为流通手段在国内市场几乎起不到什么作用了，同时也使得物价暴落，商品流通十分困难。在这种情况下，统治阶级还要以金银为手段来收取赋税，这就使得超经济剥削加重。这表明以金银作为流通手段，已使封建经济陷入严重危机，因此，改革币制，废止金银作为流通手段，已势在必行。他说：

今矿所封闭，间一开采，又使官奴专之，以入大内，与民间无与，则银力竭。二百余年，天下金银纲运至于燕京，如水赴壑。承平之时，犹有商贾官吏返其十分之二三。多故以来，在燕京者既尽泄之边外，而富商大贾达官猾吏，自北而南，又能以其资力尽敛天下之金银而去。此其理尚有往而复返者乎？夫银力已竭，而赋税如故也，市易如故也。皇皇求银，将于何所？故田土之价不当异时之十一，岂其壤瘠与？曰否，不能为赋税也。百货之价亦不当异时之十一，岂其物阜与？曰否，市易无资也。当今之世，宛转汤火之民，即时和年丰无益也，即劝农沛泽无益也，吾以为非废金银不可。……废金银其利有七：粟帛之属，小民力能自致，则家易足，一也。铸钱以通有无，铸者不息，货无匮竭，二也。不藏金跟，无甚贫甚富之家，三也。轻赍不便，民难去其乡，四也。官吏脏私难覆，五也。盗贼肱筐，负重易迹，六也。钱钞路通，七也。

黄宗羲提出，废止金银作为流通手段后，应当以铜钱取而代之。但铜钱的样式、重量必须由政府统一设计，统一铸造，民间不得私铸。同时，官府应控制铜矿的开采，以防止铜流入私人手中，造成财政混乱。以铜钱作为货币手段后，除田地粟帛外，一切赋税都应以铜钱作为交换媒介。黄宗羲不但主张用铜币统一货币，还提出由国家统一发行纸币（钞）。因为铜币如同谷粟布帛一样，携带困难，不利于人们远行做事，而纸币携带方便，因此，它可以与铜币相辅相成，"不可相离"。

黄宗羲认为，货币仅仅是实现流通的手段，因此，"制无用之货（铜币）"是为了"通有用之财（实物）"，也就是说废止金银，以铜作为货币手段是为了发展商品经济。他还主张，铸钱的数量不应太少，太少了就容易出现货币匮竭、妨碍流通的情况。相反，铸钱的数大一些，就可以"使封域之内（国内市场）常有千万财用流转无穷"，就可以"遂民之生，使其繁庶"。

总之，黄宗羲工商皆本、废止金银的思想，是为发展商品经济铺设的道路，它是适应刚刚萌芽的资产阶级发展商品经济的要求提出的，是新兴资产阶级开始向封建统治发动进攻的信号，具有明显的资产阶级思想启蒙的性质。

明朝末年，土地高度集中，人民所担负的赋税和劳役极其沉重。孝宗时，"天下土田止四百二十二万八千五十八顷，官田视民田得七之一。""熹宗时，桂、惠、瑞三王及遂平、宁国二公主庄田动以万计，而魏忠贤一门横赐尤甚。盖中叶以后，庄田侵夺民业，与国相终云。"黄宗羲有针对性地提出，最好的解决办法，是实行屯田，即恢复井田制：

> 天下屯田见额六十四万四千二百四十三顷，以万历六年实在田土七百一万三千九百七十六顷二十八亩律之，屯田居十之一也。授田之法未行者特九分耳。由一以推之九，似亦未有难行。……以实在田土均之，人户一千六十二万一千四百三十六，每户授田五十亩，尚余田一万七千三十二万五千八百二十八亩，以听富民之所占，则天下之田自无不足。

他的土地制度的理想包括三个方面。一是土地使用的平均主义。黄宗羲特别针对了官田所有制，主张"授田于民，以什一为则。未授之田，以二十一为则。其户口则以为出兵养兵之赋，国用自无不足。"二是税出负担的平均分任主义。这和他主张"废金银"相关。因为他以为货币死藏，使纳税人受到残酷的剥削，所以他理想化地设计出小市民或农民的平均任宜政策。"圣王者而有天下，其必任土所宜，出百谷者赋百谷，出桑麻者赋布帛，以至杂物皆赋其所出，斯民庶不至困瘁尔。"他的方案，针对了大官吏大地主的法外强取，而为工商和自由农民设计出路。三是厘定土地的级差，分为五等。瘠土"休一岁二岁，未始非沃土"，以输换耕值，适应其地力之再生产。他说：

> 今丈量天下田土，其上者依方田之法，二百四十步为一亩，中者以四百八十步为一亩，下者以七百二十步为一亩，再酌之于三百六十步、六百步为亩，分之五等。鱼磷册字号，一号以一亩准之，不得赘以奇零。如数亩而同一区者不妨数号，一亩而分数区者不妨一号，使田土之等第不在税额之重轻，而在丈量之广狭，则不齐者从而齐矣。是故田之中下者，得更番而作，以收

上日之利。

黄宗羲"齐之"而"均之"的改革论，是在土地制度上的民主主义，他所憧憬的前途是"富民"的世界。尽管这也是不可能实现的空想，也没有比明末农民军提出的"均田免粮"口号超前，却仍不失为对新土地制度的探索，与以往实际存在的土地占有状况相比，还是一种积极进步的主张。

第五章　黄宗羲百科成就

黄宗羲一生长期坚持自然科学研究，撰写了 20 余种科技类著作，在天算、地理学等方面的研究，成果颇丰。黄宗羲的天算研究主要集中在鲁王监国时期，最足见造诣的是他对元代郭守敬《授时历》所作的深入研究，著有《授时历故》《春秋日食历》《回回历假如》《气运算法》等。黄宗羲在地理学方面的研究起步甚早，创修了《四明山志》，顺治十七年（1660 年）撰成《匡庐游录》，康熙三年（1664 年）写成《今水经》。黄宗羲倡导走出书斋进行实地考察的科学研究方法，与顾炎武同开一代新学风。在黄宗羲的科技思想中，主张"推物理之自然"，从自然本身去寻找物理，反对祥异神化的瞽说，这些建筑在科学基础上的无神论思想，是中国思想史上的宝贵遗产。

行万里路

对于文人与山水的关系，黄宗羲有一段精辟的论述："文人与山水相为表里，岂故标致以资谈助也，其相通之处，非徒有精灵，实显体状，此酬彼答，不殊形影，昧者以为山川不能语，藉语于文人，文人亦无不喜游山川，岂其然乎?"

黄宗羲最初萌发遍游天下名山之志，是在崇祯十二年（1639 年）下定决心结束游侠生活后，要先行遍万里路，然后再回头潜心学问，"发愿名山，拼十年为头陀，咽噱冷汰，涤濯宰寙，归来读书，方有长进"。之前，他曾于崇祯三年（1630 年）游览了南京报恩寺、甘露寺等城中七十二寺；崇祯六年（1633 年），读书于杭州南屏山和孤山；之后又两次往返于天台山和雁荡山之间。

黄宗羲第一次登雁荡山是在崇祯十四年（1641 年）春，留下了一首七绝《夜宿灵岩》和《台雁笔记》。据《台雁笔记》小序所记，那次黄宗羲有事到雁荡山，未能从容游山，加上腿患疡疾，又且"两度山行皆大雨雪，恶溪峻岭，仆僵马仆"，走得非常艰苦，但他"犹然披荒搜讨，以畅幽抱，竟忘贯穿之苦"。第二次是在顺治六年（1649 年），他受鲁王派遣，来联络浙南的抗清力量，选中雁荡山西部的梯云谷住下，在双龙瀑旁开办讲学院。然而，其中影响较大值得一书的，仍当属四明山、庐山和黄山之行。

四明山之行生发于崇祯十五年（1643 年）十一月，黄宗羲、宗炎、宗会三兄弟一同前往。兄弟三人把游览山河和学术考察结合到实处，前面所提到的方志《四明山志》的编撰便是这次旅行的一大收获。第二大收益便是让黄宗羲全面地认识了四明山的地形，以至于后来组织抗清斗争时，选择了四明山作为根据地。

此外，这次登山考察，黄宗羲还有一大科技上的贡献，就是解释了木冰景观形成的原因。在《过云木冰记》中，黄宗羲描写了他所看到的木冰，"氛氲溟浊，蒸满山谷；云乱不飞，瀑危弗落；遐路窈然，夜行撤烛；雾露沾衣，岚寒折骨；相视褫气，呼嗟咽续"，黄宗羲依据自己的经验和学识，认为：

> 盖其地当万山之中，嚣尘沸响，扃纽人间，村烟佛照，无殊阴火之潜，故为愬阳之所不入；去平原一万八千丈，刚风疾轮，侵铄心骨，南箕哆口，飞廉弭节，土囊大隧，所在而是，故为勃郁烦冤之所不散；溪回壑转，蛟螭蠖蛰，山鬼窈窕，腥风之冲动，震瀑之敲嗑，天呵地吼，阴崖冱穴，聚雹堆冰，故为元冥之所长驾；群峰灌顶，北斗堕胁，藜蓬臭蔚，虽焦原竭泽，巫吁魃舞，常如夜行秋爽，故为曜灵之所割匿。且其怪松人枫，宕石罔草，碎碑埋砖，枯此肉碧骨，皆足以兴吐云雨。

庐山是这个热爱游历的志士在登览四明山十七年后才得以有闲暇继续自己未尽的名山之旅的第一座山。庐山之行，包括路途往返，历时 104 天，其中在山上近一个月。此行的结果，是为后人留下了两部著作，一是《匡庐游录》，二是《匡庐行脚诗》。

《匡庐游录》，又名《匡庐行脚录》《匡庐纪游》，本书的价值，不仅在于详实地记载了他在三个月里的每日行踪，记述了庐山众多的古迹和传闻，是一篇不可多得的庐山游记；而且还在于黄宗羲引经据典，旁征碑刻山志和僧人骚客之作，以实地考察的结果纠正了前人相关记载和传说中的一些错误。

《匡庐游录》中，黄宗羲还提到了庐山的"三奇"：

> 平生见雨，皆上而下，此雨自下而上，一奇也。闻者，雨声，风声，云之有声，今始闻之，二奇也。云之在下，真同浪海，小山之见其中者，天异蕴藻，三奇也。

黄宗羲不仅描写了他所见到的庐山奇景，还对之前苏轼、朱熹、王珪诗句中有关在锦绣谷内、圣灯岩下看到的佛光、宝光、祥光等的描绘，作出了较为科学的解释，"认为："

> 盖草木水土，皆有光华，非勃郁则气不聚，目光与众光高下相等，则为众光所夺，亦不可见，故须凭高观之，圣灯岩下，群山包裹如深井，其气易聚，故为游者所常遇，昼则为野马，夜则为圣灯，同此物也。

《匡庐行脚诗》亦称《匡庐游录附诗》，收录 35 首，另有 5 首收入《南雷诗历》，合计 40 首。其中,《香炉峰顶阻雨》描写了山上的旖旎景致、秀丽风光：

> 可是山灵藏异地，故嫌拄杖一时开。
> 倒飞脚底溢城水，乱走秋深石屋雷。
> 真见兜罗云似海，还传清梵壁中来。
> 若非特地逢奇险，心目终然尘土埃。

在《开先寺青玉峡》中，黄宗羲触景生情，叹今怀古：

> 亡国千年寺，犹余翰墨名。

青鞋香玉筋，茗碗落秋声。

七佛涪翁偈，平濠新建铭。

尚堪相对话，何必话无生。

又如《五老峰顶万松坪同阁古古夜话限韵》：

身频十死不言危，天下名山尚好奇。

相遇青莲飞瀑地，正当黄叶寄风时。

闲云野鹤常无定，箭镞刀痕尚在肌。

同是天涯流落客，不须重与说分离。

黄山为江南第一名胜，但和五岳、庐山相比，它出名要晚得多，只有袁宏道、徐霞客、钱谦益等少数几位文人曾游览过并留下了文字。然而，黄宗羲一生中最后的一次名山之旅，却选择了难登的黄山。

黄山之行，黄宗羲前后历时两个月。这一次，年近耄耋的黄宗羲既没有留下游记，也没有创作很多诗歌。然而，他的到来，在当地的士绅和一些寺庙住持中产生了较大的反响，许多人赶来拜会他，有的请他作序，有的请他为亡亲故友撰写传记、墓表等。

《水经》新注

《水经》是我国古代记载河流的专著，作者说法不一，一说是晋代郭璞撰，一说是东汉桑钦撰，又说郭璞曾注桑钦撰的《水经》。当代郦学家陈桥驿认为即使汉桑钦撰有《水经》，晋郭璞为其作注确有其事，但这部《水经》和《水经注》也都已失传，今本郦道元所注的《水经》当是另外一部，是无名氏所为，其成书年代，诸家说法不一，不过大体应为汉魏之作。《水经》的流传，则赖于北魏延昌、正光年间（515—524年）郦道元所撰述的《水经注》。

《水经注》是以《水经》所记水道为纲,《唐六典》注中称《水经》共载水道137条,而《水经注》则将支流等补充发展为1252条。《水经注》注文达30万字。涉及的地域范围,除了基本上以西汉王朝的疆域作为其撰写对象外,还涉及到当时不少域外地区,包括今印度、中南半岛和朝鲜半岛若干地区,覆盖面积实属空前。内容记述的时间幅度上起先秦,下至南北朝当代,上下约两千多年。它所包容的地理内容十分广泛,包括自然地理、人文地理、山川胜景、历史沿革、风俗习惯、人物掌故、神话故事等等,是我国6世纪的一部地理百科全书。其主体内容是记河流,从河流的发源到入海,举凡干流、支流、河谷宽度、河床深度、水量和水位季节变化,含沙量、冰期以及沿河所经的伏流、瀑布、急流、滩濑、湖泊等等都广泛搜罗,加以详细记载。据统计,《水经注》所记湖泊、沼泽500余处,泉水和井等地下水近300处,伏流有30余处,瀑布60多处。所记各种地貌,高地有山、岳、峰、岭、坂、冈、丘、阜、崛、障、峰、矶、原等,低地有川、野、沃野、平川、平原、原隰等,仅山岳、丘阜地名就有近2000处,喀斯特地貌方面所记洞穴达70余处,植物地理方面记载的植物品种多达140余种,动物地理方面记载的动物种类超过100种,各种自然灾害有水灾、旱灾、风灾、蝗灾、地震等,记载的水灾共30多次,地震有近20次,有"宇宙未有之奇书"的美誉。

郦注《水经注》尽管在辗转传抄的过程也有卷帙散佚的情况,但大多数篇章还是流传了下来,后人对其推崇备至,但都忽略了因社会历史和作者本人因素而导致的内容上的疏漏。黄宗羲在读罢这部历史名篇时,很快便形成了自己不同的看法。在肯定《水经注》之于《水经》而言,"补其所未备,可谓有功于是书也矣"的前题下,指出两大不足,一是批评它过于追求旁征博引而失之繁复,比如,他指出:"开章'河水'两字,注以数千言,援引释氏无稽,于事实何补?已失作者之意。"实际上这是一种词章之学的流俗。二是对书中的一些注释错误,提出质疑,比如,他指出:

> 参考之以诸图志,多不相合……余,越人也,以越水证之:以曹娥江为浦阳江;以姚江为大江之奇分;苕水出山阴县;具区在余姚县;沔水至余姚入海;皆错误之大者。以是而概百三十有七水,能必其不似与?

　　于是，他萌生了重新编一部新水经的念头，并最终于康熙三年（1664年）撰成《今水经》一书。《今水经》包括两部分，一是《今水经表》，这是全书的纲目，开列了流向大海的黄河、辽河、淮河等十六条北方水系和长江、浙江、姚江等二十二条南方水系，以及它们的主要支流的名称，"以入海者为主，而来会者以次附之"。二是《今水经》正文，分北水和南水两块，依次记载了黄河、汾水、渭水等北水和长江、大渡河、金沙江等南水，详细说明河道的起源、流经之地、最终流向和中途交汇的溪流。

　　与以往的《水经注》研究著作相比，《今水经》形成了自己的一些特色。首先是注意到了历史的变迁。各河流用新道不用故道，用现地名不用古地名，不仅较好地反映了河道及河水流经之地地理沿革的历史变迁，也便于后人了解和重新审视。二是创例有法，不仅卷首设表，将南北主要河道名称开例出来，纲举目张，给人一清晰明了的总体印象，而且，还将滇池、洞庭湖、鄱阳湖、太湖等湖泊单独立条。三是弥补了《水经注》重北方而轻南方的不足。

　　当然，《今水经》的价值并不仅仅在于文本内容本身，也不仅仅在于它突破《水经注》的众多先进之处，更重要的是，它超越了其自身原有的价值，开创了"后人治《水经注》之业"。在他之前，"《水经注》千年以来无人能读，纵有能读而叹其佳者，亦只赏其词句，为游记诗赋中用耳"。明代治《水经注》名家杨慎，便只是把他认为生动的词语，摘录成编。但《今水经》问世后，一切都改变了，甚至使人们对《水经注》的研究发展成了一门专门的学问"郦学"，成为清人用功最多的一门学问。几乎清代第一流的学者都校注过《水经注》，如顾炎武、阎若璩、顾祖禹、胡渭、黄仪、刘献廷、齐召南、全祖望、戴震、赵一清、孙星衍、段玉裁、陈澧、王先谦、杨守敬、熊会贞、丁谦等。黄宗羲作为他们的前辈和第一个开先河拾遗考证的大学者，其对《水经》的贡献，占据着举足轻重的地位。

经学思想

严格意义上的经学是指把儒家经典作为研究对象的学问，内容包括哲学、史学、语言文字学等，而通常我们所指的传统文化中某位学者对经学的研究，其所指研究对象主要是指狭义范围内的《五经》或《六经》之学的研究。《五经》即《诗》《书》《易》《礼》《春秋》，另有《乐》经于汉代亡佚，也就是《六经》中原该包含的。

浙东学派的经学研究，由黄宗羲开其端。黄宗羲不但强调经学研究的必要，本人也非常重视经学的学习，认为学问必须以经学为根底，求学者首先应当通经。他说："学必原本于经术，而后不为蹈虚。"又指出"受业者必先穷经""以经术为渊源"。在实际教学中，他也把经学列为最基本的教学内容。他的经学思想主要反应在他的教学思想和理念中，而研究成果主要集中在《礼》和《易》中。黄宗羲对宋儒将"河图""洛书""先天""太极"等引入《易》学研究领域造成晦而不明的后果进行了批评。他所撰的《易学象数论》便是批驳邵雍、朱熹先天《易》说的，它开启了毛奇龄、万斯大、姚际恒等人从哲学和考证方面的《易》学研究，对乾嘉考据学的兴起，也极具启蒙意义。另外，黄宗羲所著的《授书随笔》从本质上说也是阎若璩《尚书古文疏证》的先导。因此，江藩推黄宗羲为清学开山，与顾炎武并列。钱穆则认为吴派惠栋对《周易》的研究，是黄宗羲《易》学的继续。

对于黄宗羲五经的研究成就，后世学者对其评价颇高。河北大学哲学系教授，博士研究生导师程志华在其学术研究论文《经史才之薮泽也——黄宗羲的经学思想》中，指出黄宗羲的经学主导思想就是对阳明后学中"心学入禅"的偏颇的改造和修正，即引六经作为"心之堤防"，使"名节"与"道德规范"在心学体系上建立坚定的地位。黄宗羲主张"圣人必可学而至"，但必须把读儒家的经书作为成圣的途径。他曾对弟子高斗魁说："读书当从六经，而后史、汉，而后韩、欧诸大家。浸灌之久，由是而发为诗文。始为正路，舍是则旁蹊曲径矣。"因为，"经、史才之薮泽也。"黄宗羲的弟子李邺嗣曾说:"既在梨洲黄先生门,得读蕺山遗书,始涣然冰释,为大道不远,惟当返而求诸六经立为讲经之社。"

对于经学文献,黄宗羲力求其准确性。他认为,首先必须为经文注解立一些规矩和限制。因为时人说经,基本上强调的是在头脑中一闪而现的顿悟似的某种妙解,而不是忠于古人心思的训解,以"禅理"来解"经"更有过之无不及。黄宗羲主张必须把经文客观化与对象化,且在与"心"的二元对立中,"经"必须被置于优先的地位,而把"心"置于从属的地位。只有这样,才能求得经的真正意义。此种主张,实质是对阳明心学的一种反拨和校正。

由于科举取士制度的引导,当时士人读书大都以四书为主,经书只读应付科举考试的一经,黄宗羲就明确反对这种只治一经甚或摘章引句的学风。他认为,五经是一个整体,必须把它们作为一个整体来研读。他肯定了弟子万斯大的观点:不通各经,便不能通一经;不懂传注的错误,也不能通经。

当然,在经学思想上,黄宗羲最为后世称道的便是他倡导的经学须"经世应务"。所谓"经世",包括"入世"和"年代长久"两层不同的意思。黄宗羲反对不能经世致用的"迂儒",他说,"受业者必先穷经,经术所以经世,方不为迂儒之学,故兼令读史,读史而后足以应务"。也就是说,要解决经术的经世问题,必须经、史兼读。因为"六经皆载道之书""二十一史所载,凡经世之业,亦无不备矣"。

黄宗羲还重新诠释了事功与仁义(经书)的关系。他认为二者是统一的,事功以仁义为本,而仁义以事功为用。他说:

> 道无定体,学贵适用,奈何今之人执一以为道,使学道与事功判别为两途。事功不出于道,则机智用事而流于伪;道之不能达之于事功,论其学则有,适于用则无。讲一身之行为则似是,救国家之急难则非也,岂真儒哉!

除了以上一些比较突出的观点,黄宗羲经学思想的影响还有很多。

首先,他所主持的讲经会及所提倡的经学思想恢复了经书的地位。其次,他所主持的讲经会破除了朱子理学对经义的独占。黄宗羲"罗集"各种注疏,并在各种诠释间衡量拣择，选取最契合于经书原意的解释，破除朱子理学对经义的独占，反对权威。此外，黄宗羲超越了贯穿宋元明三朝的理学与心学的门户之争，缓和了理学与心学之间的紧张，促进了理学与心学的交叉、融合，促进了儒学的革新蜕变。章学诚说，"梨洲黄氏出蕺山刘氏之门，而开万氏兄弟经史之学，以至全氏祖望辈尚存其意，宗陆而不悖于朱"，虽与顾炎武所创的浙西之学并峙，但"较之顾氏，源远而流长"，因为他跳出了"朱陆门户"之见，"此其所以卓也。"梁启超亦有言："清初几位大师——实即残明遗老——黄梨洲、顾亭林、朱舜水、王船山之流，他们所提倡的'经世致用之学'，其具体的理论，虽然许多不适用，然而那种精神是'超汉学'、'超宋学'的，能令学者对于二百年的汉宋门户得一种解放，大胆的独求其是。"

就具体的《五经》而言，黄宗羲的经学思想，在《三礼》和《春秋》上成就最突出，"其爬罗剔抉，颇能见先儒所不及"。礼学自战国秦汉以降，已大体流诸形式，像郑玄、朱熹、唐说斋、薛士隆、陈君举这样的饱学通博之士，也只是随文附会，泛滥于笺传章句，沿及明清之世，"在当时固人人所知者，于今则为绝学矣"。黄宗羲的礼学研究，比较集中的是对礼法中的服制问题的探讨，为此，他还专门著有《深衣考》和《黄氏丧服制》二文。

深衣是古代上衣、下裳相连缀的一种服装，为诸侯、大夫、士家居常穿的衣服，也是庶人的常礼服。为什么要写这样的文章，有一点是可以肯定的。就是当时对于《礼记·深衣经》，宋代的朱熹、元代的吴澄及明代的朱右、黄润玉、王廷相等人都进行过注释。但是，由于他们不懂缝制技术，只拘泥于经文章句的解释，因而，按他们诠释的文字制作出来的深衣，不是式样不对、穿着不便，就是难以合乎礼法对规、方、直、平的要求，所以黄宗羲要著述以正规范。当然，这里面有没有黄宗羲个人出于对满清一统天下后有可能同化汉服的担忧，而做出的记录式挽救式行为和目的，现在就不得而知了。

在《深衣考》中，作者一改历来考证文章先引原文再道己说的做法，他开宗明义就阐明自己的观点。对经文中涉及深衣的指尺、衽幅、裳幅、续衽、钩边、祛幅、袼、缘、带、缁冠、幅巾及黑履的尺寸、制作、颜色作出自己的解释。如：

祛二幅——用布二幅，中屈之如衣，不长。属于衣之左右，从袼下渐圆以至袂末而后缝合之，留其不缝者一尺二寸以为祛，其袂末仍长二尺二寸也。

袼二寸——衣之两肩各剪开寸许，另用布一条阔二寸加于其上，一端尽内衽之上，一端尽外衽之上，两衽交拚则其袼自方。

下半部分主要就诸家对深衣经有错误的注释的纠偏。这一敢于对权威挑战和质疑，并自发新义的研究精神，为后来《深衣考》的命运埋下伏笔。清人整理《四库全书》时，把《深衣经》纳入经部之中，然而四库馆的编者们深受旧说浸染，仍沿袭汉唐宋元诸儒成说，而对黄宗羲"大抵排斥前人，务生新义"的说法无法接受，指责他"变乱旧诂，多所乖谬，以其名颇重，或恐贻误后来，故摘其误而存录之，庶读者知所抉择焉"，给黄宗羲和他的《深衣经》作了错误的定论。《黄氏丧服制》今已不可考，只在黄百家的《梨洲府君行略》中有记载："玄冠不吊，劳心棘人，作《黄氏丧服制》。"

黄宗羲对易学的研究成果主要集中在他的六卷《易学象数论》著作中。《易学象数沦》前三卷论"河图""洛书""先天图""天根月窟""八卦方位""纳甲""纳音""月建"、卦气""卦变""互卦""筮法""占法"，附以所著"原象"为内篇，所论皆"象"；后二卷论"太玄""乾凿度""元包""潜虚""洞极""洪范""皇极""六壬""太一""遁甲"，为外篇，所论皆"数"。《四库全书总目》对他的评价是："宗羲究心象学，故能一一洞晓其始末，因而尽得其瑕疵，非但据理空谈不中窾者比也。"

在《易学象数论》中，黄宗羲写了个自序，里面说道："易广大无所不备，自九流百家借之以行其说，而易之本义反晦。世儒过视象数，以此为绝学，故为所欺。今一一疏通之，知其于易本了无干涉。"从这里可以看出，黄宗羲是入于象数而又出于象数，以疏通而反对象数而著此书，是一部辩证易图得失的书。

《易学象数论》对"图书"的辨析文字有六篇，针对欧阳修提出的"河图""洛书"为怪妄之谈，从《易经》经文出发而重新辩证。黄宗羲对"先天图"的看法是：

邵子（邵雍）先天横图次序，以易有太极、是生两仪、两仪生四象、四象生八卦为据……某则据易之生两生四生八，而后知横图之非也。……是三画八卦即四象也……细推八卦之中，皆有两仪四象之理，而两仪四象初不画于卦之外也。其言生者，即生生谓易之生非次第而生之。谓康节加一倍之法从此章而得，实非此章之旨，又何待生十六、生三十二而后出经文之外也？

对于"八卦方位"，黄宗羲也有自己独到的简介，他说："离南坎北之位，见于经文，而卦爻所指之方亦与之相合，是以可以无疑矣。盖画卦之时即有此方位，易不始于文王，则方位亦不始于文王，故不等云八卦方位也。"

对于"卦变"，黄宗羲主张"从反对中明此往来倚仗之理"，他认为"非以此卦生彼卦也，又非以此爻换彼爻也"。他对朱熹《周易本义》里为说卦变举的十九例提出反对意见，认为"此是朱子自言其卦变也"。为此，他特意辨析了"朱子卦变图"，他说：

朱子虽为此图，亦自知其决不可用。所释十九卦象辞，尽舍主变之卦，以两爻相比者互换为变……不应同一卦变，在一卦中，其可以附会象辞者，从而取之，其不可以附会象辞者，从而置之……是朱子之卦变，两者俱为无当，宜乎其说之不能归一也。

对数学中一些与《易》的原旨似是而非的问题，黄宗羲亦阐述了独到的见解。以《遁甲》《太乙》《六壬》三书而论，世人多称之为"三式"，术家皆用以"主九宫，以参详人事"。对于《遁甲》，黄宗羲以为自乱其术的，正是术家自以为最精妙的超神、接气和置闰三术。他分析指出：

节气三十日所零者五时二刻耳。积之一百八十日之久，则为时三十，为刻二十，盖不及三日也。符头，五日一换，所差不过半局，略为消息，便可符合。今以超神而太过者九日、十日以置闰而不及者五日、六日，气序不清，局法重出。甲之所重者在二至，置闰归余于其前，半年之中，必有超神，超神之后，必且置闰，闰闰之局，必侵二至，是二至必不能正其始也。顺者反逆，逆者反顺，使其吉凶星煞无验则可，不然，则避其所当趋，趋其所当避矣。

对于《太乙》，黄宗羲在讥讽那些"假星名以寓术，不必核其果否也"的占家的同时，又参详诸家之说，拟定出一套新的太乙推法和太乙命法卦限，前者分列岁计、月计、日计、时计、十六宫图、一至十求等目，后者包括阳九限、入卦、流年卦、月卦、日卦、时卦等条，令那些职业占家们为之汗颜。

对于《六壬》，黄宗羲认为，数学诸术方伎家多托于上古，无所征信，唯有《六壬》在典籍中有明确记载，但与占家私相传授的"亦复有不同"，前者无四课三传之说，只是关乎律吕、历法甚多，而后者对五音十二律则毫不涉及。

总之，黄宗羲堪称一位造诣精深的象数学大师。梁启超评价《易学象数论》"力辨《河》《洛》《方位》图说之非，为后来胡渭《易图明辨》的先导""清代易学第一期工作，专在革周邵派的命，黄梨洲的《易学象数论》，首放一矢……一千年蒙罩住《易经》的云雾算是开光了，这不能不说是清初学者的功劳"。

哲学思想

黄宗羲曾师从刘宗周，尤其哲学一脉，老师的影响对他特别大。刘宗周（1578—1645 年），字起东，号念台，山阴（今浙江绍兴）人，哲学家。因讲学蕺山，学者称蕺山先生。官至工部左侍郎、左都御史，南明福王政权覆亡，绝食殉国。刘宗周为官刚正，敢于直谏，曾指责崇祯皇帝"见小利而速近功""有自用之心"。刘宗周一生致力于讲学和著述，先后在东林书院、首善书院、证人书院与高攀龙、邹元标、陶奭龄等共同讲学。其学说"以慎独为宗旨""独"即"本心""慎独"就是"兢兢无负其本心"。刘宗周的哲学思想是矛盾的，他基本上信奉阳明心学，又提倡理气一元论，他反对把人性分为义理之性与气质之性，认为"性只有气质之性，义理之性者，气质之所以为性也"。刘宗周讲学 20 余年，培养了许多著名学者和气节之士，其中最出名的就是黄宗羲。刘宗周的理气关系学说，被黄宗羲视为千古决疑之论。刘宗周痛恨封建专制的腐朽，怀疑凭一人的独断就能治好国家。他的这种思想直接影响了黄宗羲。

黄宗羲在蕺山门下问学，致力于研究宋明以来的理学思想。地处浙东的绍兴素为人文荟萃之区，讲学论道之风极盛，所谓"自宋元以来，号为邹、鲁"。崇祯二年（1629 年），刘宗周与陶奭龄一同讲学于绍兴证人书院，陶奭龄思想上追随阳明学末流，喜欢援儒入释，与弟子"授受皆禅""姚江之绪，至是大坏"。刘宗周对此十分不满，刚入蕺山门下的黄宗羲攘臂而起，约集"吴越中高材生六十余人，共侍讲席"，力斥陶奭龄之说，使蕺山先生的"慎独"之说更为发扬光大。

在理与气的关系这一哲学基本问题上，黄宗羲与老师刘宗周一样，作出了两种截然不同的回答。在《明儒学案·自序》中，他开宗明义地说，"盈天地皆心也，人与天地万物为一体，故究天地万物之理，即在吾心之中"。明确地告诉世人，他的认识论是主观唯心主义的。然而，在同书的结尾《明儒学案·蕺山学案》和其他多处案语中，他又言之凿凿地宣称，"盈天地间皆气也"，认为"气本一也""天地之间，只有一气充周，生人生物，人禀是气以生"，表达了自己的唯物主义立场。这跟他远宗阳明心学、近学蕺山学问、同时又对阳明心学中不合理的成分严加批判有密切关系。宇宙原理和人学原理成为他的理气论的主要体现。

黄宗羲反对一切把宇宙天地神秘化的思想观点，指出天并不神秘，天也只是一团物质性的气："四时的运行，万物的产生，都是由天来主宰着。但天并不是什么神秘的东西，而纯粹是一团虚灵之气，是一团运动、变化和流行着的物质性的气。"黄宗羲在论述世界从何而来这一问题时，借用了"太极"这一概念，并认为世界来源于太极。他继承和发展了张载、王廷相等人的唯物主义思想，以气解太极，认为太极不是独立于气之外的思想存在，它就存在于气之中，并与气直接相统一。

从太极是气的唯物主义观点出发，黄宗羲对宋明理学的开山祖师周敦颐的"无极生太极，太极生万物"的说法提出了批评。他指出："周敦颐的这一说法，实际上就是认为无能生有，把太极看成是在气之先就存在的精神性实体。这就把太极和气判为两截了，即认为太极和气是分属于形而下和形而上两个不同的东西。"黄宗羲指出，周敦颐的这种从空无的精神实体——太极中化生出世界万物的观点，同老子的"无能生有"实无二致，而同唯物主义关于宇宙来源于物质性的"气""太极"就是"气"的思想则是"毫厘之差，千里之谬也"。

黄宗羲还进一步回答了"气"同"理"的关系这一宋明哲学重大的基本问题。他明确提出"气"是天地宇宙和人间万物的唯一本源，而"理"和"道"不但不是高居于"气"之上的某种实体，反而为"气"所决定，离开了"气"就不存在什么"理"或"道"。他指出："道、理都是依赖于有形的气而存在的，离开有形的具体事物，无所谓道；离开物质性的气，无所谓理。"黄宗羲实际上是把"理"理解为"气"在运行变化过程中自身所固有的客观规律，所以，他又说："气的运行虽然千条万绪，但并非杂乱无章，而是有一定的条理和规律可循。这个条理和规律就是理。或者说气流行而不失其序，这就是理。"

因此，从根本上讲，黄宗羲认为的"理"和"气"并不是两个东西，只是由于人们从不同的角度对物质世界进行审视，便有了这两个不同的名称。从事物运动变化的主体（或称载体）来说，就叫做"气"；从事物运动变化必须遵循一定的法则和原理来说，则叫做"理"。"理"与"气"是"一物而两名，非两物而一体也"。

人学原理是黄宗羲宇宙论的一个方面的内容，是他的气一元论的宇宙观在人和人类社会中的推广和应用。在他的哲学著作《孟子师说》中，黄宗羲说："天地间只是一气充周，生人生物。人禀气而生。""天用气的流行和变化来生人生物，因此，人和物的本质都是一团气。人和物禀受自然之气以后，就会形成知觉。由气所形成的知觉又分为不同的层次，有精细灵明的知觉，也有粗浊昏重的知觉，前者为人的知觉，后者为物的知觉。"黄宗羲进一步认为，造成人和物两种不同知觉的最终原因，在于人和物在产生时所禀受的自然之气存在差别。因此，人与物的区别，不在于其产生时是不是由自然之气所化生，而在于人与物各自所禀受的是什么样的自然之气。精细灵明之气生出来的是人，粗重混浊之气生出来的则是物。

黄宗羲认为，由精细灵明之气所生出来的人，有着不同于物的三个特点，这就是人有心、有性、有情。

在人学问题上，黄宗羲坚持的是心本论，"心"是黄宗羲人学的基石。这个"心"与主观唯心主义所讲的"心"有着本质区别，在黄宗羲的人学原理中，"心"仅仅是一个形式，其实质内容依然是"气"。黄宗羲认为，"心"是由"气"构成的，只是形成人的"气"并不是一般的"气"，而是一种"灵气"，所以，他说："心即气也""心即气之灵处"。他认为，人之为人就在于人有人"心"，就在于人"除恻隐、羞恶、辞让、是非之心外，别无他心"。可见，黄宗羲人学原理中所讲的心本论，其实质还是气本论，是他的宇宙观上的气本论在人学问题中的逻辑延伸。"性"是黄宗羲人学原理的重要内容。黄宗羲认为，人性不同于物性，人性是人区别于动物从而使人成为人的本质属性，因此，它为人所固有。既然世界上万事万物，包括人在内，都是由"气"所产生的，因此，万事万物之性，包括人性，也就理当都是由"气"决定的。但是，由于"气"有粗细浊清厚薄之分，由此就决定了不同的事物具有不同的"性"，也决定了人性不同于物性。他说："人有人之性，物有物之性，草木有草木之性，金石有金石之性。就连野葛、鸩鸟这种恶毒之物，也自有其性。"

从人之性不同于物之性、万事万物各有其性这一前提出发，黄宗羲反对把不同事物的特性相等同的看法，对先秦哲学家告子的"生生之谓性"的说法提出了公正的批评。一方面，他肯定了"生生之谓性"这一说法包含着合理的因素，这就是把万事万物之所以具有不同特性的根源归结为物质性的"气"。另一方面，黄宗羲又指出，告子只是笼统地讲，由气所生的万事万物都具有生生不息的变化本性，这就没有区分不同事物所具有的不同特性，从而把人性和物性相等同。

黄宗羲指出，事实上，人之性不同于牛犬之性，牛犬之性不同于草木之性，草木之性不同于瓦石之性。因为不同事物所赖以产生的自然之气并不完全相同，这就决定了不同事物具有不同的构成成分（也称为质）。既然万物的构成成分不尽相同，那么，它们各自的特性也就必然有所区别。所以，瓦石只是徒具形体而没有生命，草木有生命但无知觉，牛犬虽有知觉，但这种知觉同人的意识又有很大差别。

人性究竟是什么呢？对此，中国传统哲学有三种不同意见，一种意见认为人性就是"善",再一种意见认为人性就是恶,第三种意见则认为人性无所谓善,也无所谓恶,即无善无恶。黄宗羲基本上同意孟子人性本善的说法,但是,又对孟子的性善说有所改造、有所发展。黄宗羲认为,人性本原于人的心,从最终的意义上说,人性本原于物质性的气。因为黄宗羲认为人心是由物质性的气所构成的,所以,黄宗羲从人心出发来谈人"性",又用物质之气来规定人心,从而保证了他的人性学说的唯物主义性质。黄宗羲认为,大自然中的物质之"气"生成了人的"心",而自然之"气"的运行条理、法则("理")体现在人身上,就形成了人的性,这就是他讲的"在天为气者,在人为心;在天为理者,在人为性"。就是说自然之"气"运行变化的条理、法则("理")体现在人身上就是"性"。因为黄宗羲认为人"心"本身就是"气",所以,"心"就如同"气"一样有运行和变化。正是在这个意义上,黄宗羲说:"心体流行,其流行而有条理者,即性也。"

关于工夫的问题,黄宗羲集工夫派之大成,并着重从主事工夫上加以发展。他强调博学,提倡"儒者之学,经天纬地",要求通过读书来求证理的变化,认为"格物务极其至""元元本本,可据可依",至于学习的内容,要既广且精,"于广大之中求精微",于九流百家之学一以贯之,忌讳"谈性命者,迂疏无当;穷数学者,诡诞不精;言淹雅者,贻讥杂丑;攻文词者,不谙古今",主张"学者不可不通知史事""言性命者,必究于史"。他还讲求践履,认为"学贵践履",致良知的"致字即是行字",知行合一,就是要把良知的天理贯彻于事物之中,实实在在地去做。

为此,在当时的历史条件下,他提出了一系列冲破程朱理学的束缚,具有开拓思维、启发思考的精辟见解,从而构成"一本万殊"理论的深刻内涵。

其一,"学问之道,以各人自用得着者为真""其人之得力处,亦是学者之入门处"。提倡发挥人的主体意识,即"心"的主动性和创造性,反对"执成定局";

其二,"当身理会,求其着落",对儒家经典要采取"屏去传注,独取遗经"的态度:

> 儒者之学,经天纬地。而后世乃以语录为究竟,仅附答问一二条于伊、洛门下,便厕儒者之列,假其名以欺世,……一旦有大夫之忧,当报国之日,则蒙然张口,如坐云雾。

其三，"殊途百虑之学"。要探求真理，必须殊途，人世间许多道理，都不是一人一时能够认识得到的，而要靠千万人千百年的努力。"天下之最难知者，一人索之而弗获，千万人索之而无弗获矣，天下之最难致者，一时穷之而未尽，千百年穷之而无不尽矣"。

正是由于黄宗羲在真理观上有其独到的见解，所以能较好地超凡脱俗，别开生面，在文化专制主义的氛围下对封建传统文化意识的专断、庸妄、狭隘有较多的突破，从而使自己成为那个时代思想和学术上的巨人。

科学成就

历学是我国古代自然利学中发展最早、成就最大的学科之一，同时也是专业性极强的学科。黄宗羲非常重视历法学，认为那是儒家必须掌握的一门知识。"有宋名臣，多不识历法，朱子与蔡季通（元定）极喜数学，乃其所言者，影响之理，不可施之实用。康节（邵雍）作《皇极书》，死板排定，亦是纬书末流"，可见他对不通历法的所谓儒士是嗤之以鼻的。

黄宗羲一生虽然九死一生，但仍对天文历法的研究倾注了大量心血，在极度困顿的条件下，他先后编著了《春秋日食历》《大统历推法》《回回历法假如》《监国鲁元年丙戌大统历》《监国鲁五年庚寅大同历》《大统历法辨》《时宪书法》《西洋历法假如》《授时历法假如》《授时历故》《新推交食法》等著作，其中有些是他自己的研究成果，有些是他对旧历法著作的讨论，这是一笔宝贵的文化遗产。可惜，在往往被无辜波及的清初残酷的文字狱下，除了最后四部著作有留存下来外，其他七种都已散佚了。

《授时历法假如》与《授时历故》，是黄宗羲研究元代天文学家郭守敬的历法学专著《授时历》的心得。前者一卷，卷首有黄宗羲的同门姜希辙所作的序。因为当时是由姜希辙于康熙二十二年（1683 年）刊行此书，因此落款的时候是两个人的共同署名。该书内容包括步气朔、步日躔、步月离、步交食四个部分，分别讨论二十四节气、七十二候的计算，月朔和闰月的安排，每日日影长度、赤道日度、黄道日度的推算，日月交食的预报等问题。

《授时历故》共计四卷，内容包括气朔历、日躔历、月离历，论述内容虽然差不多，但对气朔、日躔、月离的问题讨沦得更加深入，内容也更加丰富，理论性更强。以"推冬至"为例，黄宗羲指出：

> 置所求距岁，减一，以岁实乘之，为中积加气应，为通积。满旬周去之，不尽，以日周约之，为日，不满为分。其日命甲子算外，即所求冬至日辰及分。如上考者，亦距辛巳岁即算，乘岁实为中积，减气应为通积，满旬周去之，不尽，更置旬周，以不尽者减之。余同上。岁实，三百六十五万二千四百二十五分。上考者每百年周天消一秒，岁实长一分，下验每百年周天长一秒，岁实消一分。

《西洋历法假如》亦称《西历假如》，一卷，也由他和姜希辙共同署名，与《授时假如》合为《历学假如》行世。它研究的对象是《西法新法历书》及其前身《崇祯历书》，内容包括日躔、月离、五纬、交食四个方面，主要是解决如何利用《恒星表》《细行变时表》《太阳自行加减表》《周岁各日平行表》《距福表》《月离日差表》《周岁时刻平行表》《月距黄道表》《周岁表》《年日时表》《交均表》《黄白同升表》《纬行表》《距冬至表》《纬度前后表》《八线表正切线》《总甲子表》《六十零年表》《四时表》《黄道九十度表》《视半径表》《太阳距赤纬表》《时气简法表》《太阳实行表》《太阳距度表》等，推求历法数据，与现代意义上的参考工具书类似。《新推交食法》原刊本已经不存，现今存世的是一部残本。

黄宗羲的伟大之处还在于他切实利用起历法学和史学，对历史名人的生卒年分进行考订，其中最具代表性的当属孔子。

> 某以历法推之，襄二十一年，中积六十六万九千一百二十七日五十五刻，冬至四十七日五〇二四，闰余二十五日七三四六，其年有闰。故子月甲寅朔，未月辛巳朔，申月庚戌朔，酉月庚辰朔，戊月己酉朔，亥月己卯朔。襄二十二年，中积六十六万八千七百六十二日三十一刻，冬至五十二日七四四九，

闰余七日七一，子月己酉朔，丑月戊寅朔，寅月戊申朔，卯月丁丑朔，辰月丁未朔，巳月丙子朔，午月丙午朔，未月乙亥朔，申月乙巳朔，酉月甲戌朔，戌月甲辰潮，亥月癸酉朔。若不从公、谷，以《家语》《史记》为准，则孔子之生在二十二年酉月，自甲戌推至庚子为二十七日，故罗泌以为八月二十七日，是也。景濂谓三代虽异建，而月未尝改。某按襄二十一年经文，九月庚戌朔日有食之，冬十月庚辰朔日有食之。夫九月庚戌朔者，建申之月也。十月庚辰朔者，建酉之月也。若周不改月，则九月为己酉朔，十月为己卯朔，二庚戌、庚辰为七月、八月之朔，是与经文大悖矣。

黄宗羲通过严密的推理，精细的演算，和对天文历法知识与经史典籍材料的综合运用，从而将孔子的生卒年坐实为襄公二十二年庚戌（公元前551年）八月二十七日，成为学界定论。

在被称为"绝学"的古代自然科学中，历法和数算关系至为密切，历算经常并称，一名卓有成就的历学家，往往同时也是一位有着很深造诣的数学家。黄宗羲曾对当时主流社会对自然科学的漠视极为感慨，他惊呼"西洋改容圆为矩度，测圆为八线，割圆为三角，吾中土人让之为独绝，辟之为违天，皆不知二五之为十者也"。

黄宗羲的算学著作，见诸记载的有《气运算法》《勾股图说》《开方命算》《洲圜要义》《圜解》《割圜入线解》等，可惜俱已不存。而他和师友门生讨论数学问题的书札保存下来的也极少，因此，世人对他数学方面的成就鲜有了解。不过从全祖望为老师所作的神道碑文中指出："其后，梅君文鼎本《周髀》言历，世惊以为不传之秘，而不知公（黄宗羲）实开之。"只此一句就足以说明当时黄宗羲在数学界中的地位。我们也能从为数极少的书札信件中，挖掘出部分黄宗羲的数学观点。比如在他的《答刘伯宗问朱子壶说书》中，有这样一段文字：

……此则朱子（朱熹）不明算法，而不自知其误也。夫正方六十四寸，则一面得八寸，试割而分加之，每寸得二厘五毫。四面皆然，则八分者无余矣。而四角各缺方二厘五毫，将何以补之哉？故开方之术，中间正方，谓之方法。正方之外，割裂而加之者，谓之廉法。补之于角者，谓之隅法。有廉则必有隅，朱子所言有廉而无隅，零星补凑，愈密而愈疏矣。是故六十四寸八分，开方八寸四厘有奇，而不可以为八寸五厘也。

从批判朱熹在割补开方中存在的问题这一短短一段文字中就可以看出，黄宗羲对古代算学中的开方法、割补法、平面几何与立体几何的研究，已达到相当高的水平。

诗文成就

黄宗羲不仅是明末清初一位著名的学者和思想家，同时也是一位卓有成就的文学家，只是由于他在经史和天文历算方面的成就至为突出，使其在文学上的贡献较少为世人所关注，而没有获得应有的肯定。实际上，他一生写就的诗文就有百万字之巨，尤其在文学理论上的贡献，黄宗羲堪称一流，有一整套独特的见解。

先说诗，以《书壁绝句》为例，全诗为：

> 倦钩帘幕昼沉沉，
> 难向庸医话病深。
> 不信诗人容易瘦，
> 一春花鸟总关心。

诗歌是书写在墙壁上的，抒发了诗人的故国之悲。首句就渲染出一种沉闷的气氛，以烘托诗人的苦恼。在忧思积郁的心境中，诗人神情疲倦地勾起窗帘，本想见一线光明，然而，"倦钩帘幕"的结果，见到的却是"昼沉沉"的境况，这怎不令人苦闷！"沉沉"一词，通常是形容夜色深沉的，诗人却用以描状白昼，这就暗示清初社会的暗无天日，也反过来可见诗人的"倦"乃是由于长期以来忧国忧民所致，是对清朝统治者愤恨不满的情绪流露。显然，诗人患的是心病，心病还得心药医。只有反清复明的大业成功，诗人的心病才能消除。这就是为什么黄宗羲感到"难向庸医话病深"的原因了。一个"难"字，也表现了抗清复国的大势已去、难遂人愿的遗憾。

但尽管情势如此，诗人却决不甘心消沉屈服。"不信诗人容易瘦"一句，又宕开一笔，从反面立意。表面上说不相信自己容易消瘦，实则意味着自己为国事忧愤已消瘦了许多，而尽管肉体消瘦，诗人仍铁骨铮铮，对祖国忠心不减，壮志未磨。结句借物抒怀，进一步显示出诗人的襟怀抱负。古人诗中，"花开花落，便是兴亡景象。"黄宗羲的诗，也是"以月露风云花鸟为其性情，其景与情不可分"。"一春花鸟总关心"，正表明了诗人永不沉沦屈服、时刻将国家兴亡萦怀于心的坚强意志和高尚情怀。这首诗，语浅意蕴，情思宛转，把诗人的爱国情怀表现得十分深挚动人。

黄宗羲的诗歌理论集中起来可以概括为文以情至、文与道合、以诗补史。

在黄宗羲看来，为文必须直抒胸臆，真情妙悟常常是在笔墨之外，"天地间街谈巷语，呀许呻吟，无一非文，而游女、田夫、波臣、戍客，无一非文人也"。他指出，"古今之情无尽，而一人之情有至有不至，凡情之至者，其文未有不至者""凡九流百家以其所明者，沛然随地涌出，便是至文""讲学之文，至此方为不朽"。

黄宗羲强调，对文章情感的要求，应贯穿于一切文体之中，这是文章的生命力之所在。"文以理为主，然而情不至，则亦理之邪廓耳……而世不乏堂堂之阵，正正之旗，皆以大文目之，顾其中无可以移人之情者，所谓刬然无物者也"。以此为基础，他提出了作文三戒的主张：一戒当道之文，二戒代笔之文，三戒应酬之文。这三戒通贯古今都有其价值所在。

黄宗羲强调的文与道合是对文以载道思想的发展。文以载道，自宋儒周敦颐阐发后，逐渐成为中国古代文论主流，黄宗羲的贡献在于继承和发展了这一思想。在《陈葵献偶刻诗文序》中，他写道：

> 周元公（敦颐）曰：'文所以载道也'。今人无道可载，徒欲激昂于篇章字句之间，组织纫缀以求胜，是空无一物而饰其舟车也，故虽大辂絺缨，终为虚气而已矣。

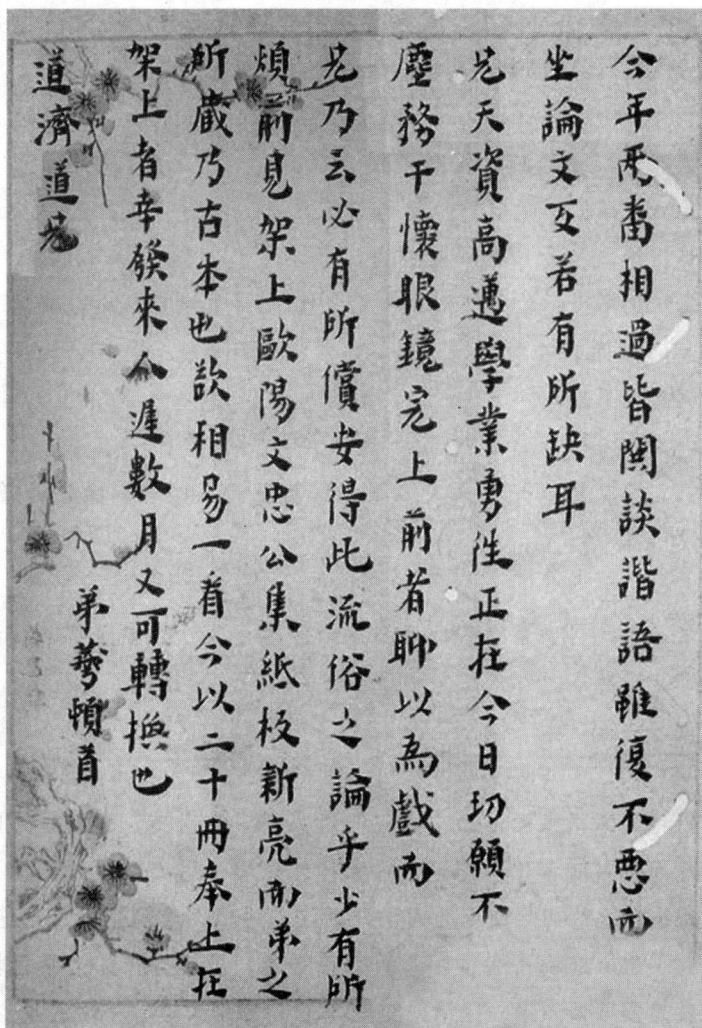

今年惡齊相過皆閒談諧語雖復不惡而坐論文又若有所缺耳兄天資高邁學業勇往正在今日切願不以塵務干懷眼鏡完上前者聊以為戲而兄乃云必有所償安得此流俗之論乎少有所煩前見架上歐陽文忠公集紙校新亮而弟之斷歲乃古本也欲相易一首今以二十冊奉上在架上者幸從來△進數月又可轉換也

弟蓁頓首

道濟道兄

黄宗羲书法

如何做到文与道合？黄宗羲最看重的是坚持两条原则：一是通经，"文必本于六经，始有根本。唯刘向、曾巩多引经语，至于韩、欧，融圣人之意而出之，不必用经，自然经术之文也"。二是熟悉文章所要表述的对象，那些以其昏昏使人昭昭的人，靠死记硬背几句经文语录的人，都是"不可与于其言文"的。

在自己的文学创作实践中，黄宗羲始终坚持贯彻自己的文论主张。如他在《万里寻兄记》中，是这样记述其六世祖黄玺寻兄经历的：

> 裂纸数千，誊写其兄里系年貌为零丁。所过之处，辄榜之官观街市间。冀兄或见之，即兄不见，而知兄者或见之也。经行万里，三山獠洞，八角蛮陬，踪迹殆遍，卒无所遇……彷徨访问，音尘不接。一日如厕，置伞路旁，伯震过之，见伞而心动曰："此吾乡之伞也。"寻其柄而视之，有字一行曰："姚江黄廷玺记。"伯震方惊骇，未几，府君出，而相视若梦寐，恸哭失声，道路观者亦叹息泣下。

再如他的史论文章《光禄大夫太子太保吏部尚书谥忠襄徐公神道碑铭》中，有这样一段话：

> 国之兴亡，岂以事功？曰诚曰术，何途之从。吁嗟烈皇，求治太急；一念刑名，金壬斯集。公亦有言，王道平平；至诚透露，即是机权。行其所学，以匡烈皇；帝虽曰俞，举国若狂。

黄宗羲将诗分为两大类，即文人诗与诗人诗。文人诗，即由学力所成；诗人诗，则从煅炼而得。前者长于牢笼今古，排比讽喻；后者以雕刻云烟，搜抉花鸟取胜。各人根据自己的实际情况而为，只要注入性情，魂魄落此，无论是文人诗，还是诗人请，平生心血都不会徒呕。黄宗羲强调，要达到诗的上乘境界，从创作技巧上说，就是要移情入景，让情景交融，把审美认识与审美情感紧密结合起来，只有通过审美认识传达审美情感，才能有强烈的艺术效果。

黄宗羲诗论的最大贡献，则是他明确提出了以诗补史的主张。在为老友万斯泰所作的《万履安先生诗序》中，他对这一主张进行了充分的表达：

> 今之称杜诗者，以为诗史，亦信然矣！然注者但见以史证诗，未闻以诗补史阙，虽曰诗史，史固无藉乎诗也。逮夫流极之运，东观、兰台但记事功，

而天地之所以不毁，名教之所以仅存者，多在亡国之人物，血心流柱，朝露同晞，史于是而亡矣！犹幸野制谣传，苦语难销，此耿耿者明灭于烂纸昏墨之余，九原可作，地起泥香，庸讵知史亡而后诗作乎？……夫诗之道甚大，一人之性情，天下之治乱，皆以藏纳。……景炎、祥兴，《宋史》且不为之立本纪，非《指南》《集杜》，何以知闽广之兴废？非水云之诗，何由知亡国之惨？非《白石》《晞发》，何由知竺国之双经？陈宜中之契阔，《心史》亮其苦心；黄东发之野死，《宝幢》志其处所，可不谓之诗史乎？元之亡也，渡海乞援之事，见于九灵诗；而铁崖之乐府，鹤年席帽之痛哭，犹然金版之出地也。皆非史之所以能尽矣！……明室之亡，分国鲛人，纪年鬼窟，较之前代干戈，久无条序；其从亡之士，章皇草泽之民，不无危苦之词。以余所见者，石斋、次野、介子、霞舟、希声、苍水、密之十余家，无关受命之笔，然故国之铿尔，不可不谓之史也。

以诗补史主张的提出，对后世诗的创作和史籍的编纂产生了深刻的影响。在清初有钱谦益、万斯同等唱和其说，成为一时之风气。在余姚有后学倪继宗，仿《姚江逸诗》的体例和宗旨，编成《续姚江逸诗》行世。在近世，有一代大师陈寅恪以《钱柳姻缘诗释证稿》别辟以诗证史之径，利用明清之际文人诗词为基本资料，将隐于诗词之中的史事予以勾沉抉微，从而使史实还原，一段史书缺载的南明故事，因之得以真相大白，以诗补史阙之花结出了以诗证史之果。

第六章 黄宗羲补漏拾遗

黄宗羲定律

黄宗羲在《明夷待访录·田制三》中指出历史上的赋税制度有"三害"：

> "或问井田可复，既得闻命矣。若夫定税则如何而后可？曰：斯民之苦暴税久矣，有积累莫返之害，有所税非所出之害，有田土无等第之害。"

意思是说，历代税赋改革，每改革一次，税就加重一次，而且一次比一次重；农民种粮食却要等生产的产品卖了之后用货币交税，中间受商人的一层剥削；不分土地好坏都统一征税。黄宗羲的观点以及所反映的历史现象，被清华大学教授、现代学者秦晖总结为"黄宗羲定律"，语出他的论文《并税式改革与"黄宗羲定律"》。

2003年3月，温家宝总理在全国人大会议期间，参加湖北省人大代表讨论时说：历史上税费改革进行过不止一次。像唐朝时的"两税法"、明朝时的"一条鞭法"、清代时的"摊丁入亩"等，但每次税费改革后，由于当时社会政治环境局限，农民负担在下降一段时间后会涨到一个比改革前更高的水准，走向了原先改革目的的反面。这种"积累莫返之害"就是历史上有名的"黄宗羲定律"。温总理最后郑重表示共产党人一定能够走出"黄宗羲定律"的怪圈。

得书保鲁

黄宗羲组织"世忠营"失败后，被迫移驻四明山结寨为营，驻兵杖锡寺，以作长期抗清打算。据说，有一日，黄宗羲踏勘四明山地形，信步来到离杖锡寺不远的静修寺。

静修方丈是位有道的高僧，平时十分钦佩黄宗羲的为人。今见黄宗羲来访，便热情款待，纵谈形势，十分融洽。待黄宗羲告辞已是傍晚时分了。方丈从床柜内取出一个黄包袱递给黄宗羲道："这是先人留下的书籍，留你作个纪念吧。"

黄宗羲接过包袱，道："多谢大师的厚意。人如萍水，还望大师赠几句真言。"

方丈双手合十，念了一声阿弥陀佛，道："鱼近水则嘻，树近土则活；子近母则健，臣近君则强。请君好自为之。"

黄宗羲回到杖锡寺，打开包袱一看，原来是几本书籍，书里记载着地理形胜。黄宗羲十分欣喜，细想方丈之言，想到自己是明朝左都御史，理应追随鲁王左右，抗清保明。于是，第二天，他把山寨交给部将，自己轻装到舟山保鲁王去了。

遗嘱辞官

康熙帝开博学鸿词科，接连两次召黄宗羲进京都被他回绝了。为表示自己的决绝，黄宗羲甚至在父亲的墓边营建了自己的墓穴，在里面预先放好了一张石床，随时准备赴死。后来，康熙帝准备纂修明史，又下一道圣旨，要黄宗羲进京去主持史局。

消息很快传到化安山，黄宗羲闻报，当即写下了一份遗嘱，吩咐儿子黄百家："钦差来时，将此呈上。说是黄宗羲死了，已留遗嘱在此。"随即手撑雨伞，脚踏麻鞋，意思是头不顶清朝的天，脚不蹭清朝的地，独自走进墓穴，躺到石床上。

第二天，钦差到了余姚，鸣锣开道来到化安山。没想到见黄百家披麻戴孝出来迎接，对钦差说道："家父前日辞世，现有遗嘱在此。"钦差接过一看，见上面写道："明史未修，宿愿未遂。日后朝廷开设史局，门下万季野和小儿百家可当此任。"钦差虽知其中有异，且喜有万斯同、黄百家可替代，同样可以回复圣旨，于是便带着二人上京去了。

黄宗羲墓

位于余姚市陆埠镇十五岙化安山南麓。墓地不大，墓体与龙山连成一体，墓葬前立面呈凸字形，青砖堆垒。墓平面呈方形，四面皆用块石和条石错缝砌成，墓葬正面用灰色块石错缝砌成，中间嵌墓碑，为淡豆沙色梅园石，上书"黄公梨洲先生碑"七字，以隶书阴刻。

墓葬正面为拜坛，正前方有一暗红色梅园石石桌。拜坛两侧各有两对称青石

黄宗羲墓

凳，拜坛地面用小鹅卵石铺设，两

旁植樟、柏、白玉兰、梅各一棵共八棵。拜坛前为荷花池，呈不规则椭圆形，池壁下部用块石，下部用大鹅卵石叠砌。拜坛左侧为面积约有648平方米的梅园，植梅约200棵，墓道从梅园中穿过，到达拜坛。黄宗羲墓的南面山坡有其父黄尊素墓，墓前原有"龙虎草堂"，是黄宗羲生前守护父墓及读书、著述之处，后毁于火。现所在"龙虎草堂"为重建物。

白云庄

位于宁波市海曙区城西管江岸，省级重点文物保护单位，小桥、流水、人家，风光如画，古建筑青砖黑墙、古朴庄重，为黄宗羲"甬上证人书院"讲学处。白云庄原为明末户部主事万泰的祠庄，后因其子万斯同著有《白云集》，世称"白云先生"，故名。自黄宗羲到白云庄讲学后，甬上文人聚集于此，弦歌不断，盛极一时。

清末，书院及白云庄均已圮废，1934年邑人杨贻诚重建。白云庄建筑面积650平方米，主体建筑坐西朝东，前后二进，均系砖木结构的平屋。南面为万氏故居，西北为万邦孚和万斯选之墓。万邦孚系万泰之父，曾任左军都督府金事。万斯选系万泰第五子，是同辈人中的领袖人物，黄宗羲亲自为他撰写墓志铭。白云庄是浙江文化的象征，以浙东学派的学术要地而驰名中外，前来瞻仰的学者络绎不绝。

浙东史学

章学诚的《文史通义》有专篇论述"浙东学术"，认为浙东学术的精华实在史学："浙东史学，自宋元数百年来，历有渊源。"20世纪初，梁启超、章太炎等论及清代浙东学术时，虽未直接用"浙东史学"这一名称，但其侧重点明显是在史学方面。最早使用"浙东史学派"这一名称的是周予同。

陈训慈在《清代浙东之史学》中认为，清代浙东史学上承宋元先哲遗教，历二百余年而不替，是有其"特殊精神"的。究其内涵而言，浙东史学是指在一定地域范围内，先后传承，有着相近的治史宗旨或方法的史学流派。在地域上，20世纪对浙东史学研究似乎已突破了清代宁波、绍兴地区，把章太炎、王国维等也纳入了研究视野。在时代上，有学者论及南宋"浙学"时，也多用浙东学术或浙东学派。这大概就是广义的浙东史学派了。而狭义的浙东史学不仅严格限定了地域范围，还对既是理学家，又是史学家的南宋浙东学者排除在外了。

狭义的浙东史学的形成期即为"清初说"，而黄宗羲即为其开山鼻祖。梁启超说："浙东学风，自梨洲（黄宗羲）、季野（万斯同）、谢山（全祖望）以至章实斋（学诚）后然自成一系统，而其贡献最大者实在史学。"陈训慈认为：浙东学术上追宋元先哲之传，"而仅就近世之史学而论，则梨洲实为开山之祖也。"

至于浙东史学发展的下限，学界存在较大分歧。仓修良、叶建华等认为章学诚为浙东史学的殿军。更多的学者沿袭晚清平步清的看法，认为在章学诚之后"浙东学术不绝如线。"如章太炎、陈训慈、张舜徽都将下限沿至定海黄式三、黄以周父子。

浙东史学的重要史学家继黄宗羲后，有万斯同、邵廷采、全祖望、邵晋涵、章学诚等。

万斯同的经世史学，其基本内容与黄宗羲所倡导的主张是完全一致的，即总结古今典章法制、探究明亡教训与劝善惩恶。他的史学著作中有表彰朱明忠烈节义之士的《宋季忠义录》《两浙忠贤录》《明季两浙忠义考》，有关乎历代典章法制的《历代史表》《历代宰辅汇考》《纪元汇考》《明代河渠考》《昆仑河渠考》，有涉及学术史的《儒林宗派》《书学汇编》，还有煌煌五百卷的《明史稿》，这一切与黄宗羲的研究兴趣和重点几乎完全吻合。尤其是万斯同隐忍数十年以存有明三百年历史的精神，更体现了黄宗羲的真传。万斯同在给故友刘坊吐露心声时就曾说：

> 涂山二百九十三年之得失，竟无成书，其君相之经营创建，与有司之所奉行，学士大夫之风尚源流，今日失考，后来者何所据乎？昔吾先世，四代死王事，今此非王事乎？祖不难以身殉，为其曾玄，乃不能尽心网罗，以备

残略，死尚可以见吾先人地下乎？故自己未以来，迄今廿年间，隐忍史局，弃妻子兄弟不顾，诚欲有所冀也。

邵廷采（1648 年—1711 年），字念鲁，又字允斯，余姚人。他师从韩孔当，后又推崇蕺山之学，虽然他与黄宗羲没有真正的师生关系，但他在与黄宗羲多次的请教往还中，颇得黄宗羲治学的精髓。四十二岁左右，他瞻顾明朝"一代浩繁，茫无措手"的情况，开始收缩研究范围，专攻南明史。不久，辑成《西南纪事》十二卷。康熙三十六至三十七年（1697—1698 年）间，又据黄宗羲所赠《行朝录》等，复成《东南纪事》十二卷，又有《宋遗民所知传》《明遗民所知传》。这些著作将经世致用和民族意识结合起来，探求宋明两代灭亡的原因，表彰宋末明季的忠烈之士，"纲举目张，可称信史"。他的代表作为《思复堂文集》，有众多的浙东学术人物传，实际上已构成了一部明末清初的浙东学术简史，他主持编修的《姚江书院志略》，系统讲述了姚江书院发展的历史，是一部学术史研究的力作。

全祖望毕生为表彰黄宗羲的学术、弘扬浙东史学不遗余力。首先，他四处留心收集考订黄宗羲生平事迹资料，为校订印行其著作尽心尽力。他生前不仅受黄宗羲之托，完成了《梨洲先生神道碑文》，还先后为黄宗羲的《思旧录》《易学象数论》《孟子解》《行朝录》《汰存录》《残明东江丙戌历书》《明夷待访录》诸书写序作跋，介绍其中的得失，且"不擅动本文也，其有须补入者，各以其学脉缀之"，为黄宗羲学术著作和思想的传播作出了积极贡献。

其次，他还努力完成黄宗羲的未竟之作，"宗羲表彰明季忠节诸人，祖望益广修扮社掌故桑海遗闻以益之"。尤其是《宋元学案》，据统汁，今存《宋元学案》百卷刻本，有六十七卷属黄氏原本而由全氏修补而定。

再次，在他的学术实践中，始终坚持黄宗羲、万斯同等人所倡导的经世致用的学风，表彰节气，始终坚持以民族大节来衡量历史是非，并重视民本，反对过分的剥削。全祖望一生著述宏富，除了流行较广的《鲒琦亭集》《文集补编》《诗集》《宋元学案》外，尚有《经史问答》《勾余土音》《读易别录》《七校水经注》《三笺困学纪闻》《天一阁碑目》《读史通表》《历朝人物亲丧录》《沧田录》《四明族望表》《双湖志》《四明洞天旧闻》等，值得注意的是，这些著作在体现和弘扬浙东史学思想的同时，也显示了他的深厚的考据功力，并对乾嘉史学产生了一定的影响。

邵晋涵（1743—1796年），字与桐，一字二云，余姚人，邵廷采从孙。乾隆三十年（1765年）举于乡。典试者为钱大昕，看了邵晋涵的文章，料定写作者非德高望重的老学者不可，谁知看到邵晋涵竟只是个弱冠之年的偏偏少年！乾隆三十八年（1773年），诏开四库馆，特旨改庶吉士，充纂修官，逾年，授编修。历任左庶子、侍读学士，充日讲起居注官，直文渊阁。

邵晋涵在负责撰写《四库全书总目提要》史部提要时，提出治史必须广求博征，认为历朝实录理所当然是修史的主要史料依据，而累朝诏诰、州郡志乘、诸家文集、碑铭志状、私家著述等均是应该广搜博求的宝贵史料，可以互为佐证、取长补短，在史书体例上，主张据情变通，贵在创新务实。这与黄宗羲的意见一致。

黄宗羲民本思想国际学术研讨会

邵晋涵极为重视宋元明清史的研究与重修。他以在史馆任职的有利条件，从《永东大典》中辑录《旧五代史》，又从《册府元龟》《太平御览》《通鉴长编》等书中博采史料，按照原目，编排成书，使淹没数百年的重要史籍，得以重行于世。

又仿效《东都事略》撰成《南都事略》，叙述南宋历史。相传，邵晋涵写的这部书，史实比《宋史》更为丰富，可惜随着邵晋涵的过早谢世，遗稿散失，令后世深为惋惜。邵晋涵在世时还为毕沅审定《续资治通鉴》，但刻书时未及据以改正。他对于晚明清初的史事知之尤深，人称他"于明季朋党、奄寺乱政，及唐、鲁二王起兵本末，口讲手画，往往出于正史之外"，而清代"数十年来名卿列传"亦多出其手，且能做到"据实直书，未尝有所依阿瞻徇"，是当时一位深负重望的史家。

邵晋涵所著尚有《韩诗内传考》《穀梁正义》《孟子述义》《輶轩日记》《方舆金石编目》，而传者独《尔雅正义》《皇朝谥迹录》《咱江诗文集》数种。《五代史考异》二卷仅存残本。

章学诚（1738—1801年），字实斋，号少岩，绍兴人。他生活的乾嘉时代，正是考据学大行其道的时期，而他不为流风所动，不问所学是否不合时好，以"意气落落，不可一世"之胸襟，向慕浙东史学先辈黄、万、邵、全诸人的思想，对他们的学术文章推崇备至。更与邵晋涵结为挚友，同治史学，互相交流讨论，从而把浙东史学推到了一个新的发展阶段。

章学诚对浙东史学的贡献集中在以下几方面：一是继续高举学术必须经世致用的旗帜，大声疾呼"文章绎世之业，立言亦期有补于世"，反对空谈义理和专事考据之学，批评当下"学者风气，征实太多，发挥太少，有如桑蚕食叶，而不能抽丝"之弊端。二是提出著名的"六经皆史"的主张，强调"六经皆先王得位行道，经纬世宙之迹，而非记于空言"，从而把史学提高到与经学相同的地位，治经便是治史，这是对黄宗羲读经究史、经史兼治的史学思想的重大发展。三是重视方志的价值，并将其纳入史部的范畴，他强调：

> 方志如古国史，本非地理专门，强调有天下之史，有一国之史，有一家之史，有一人之史。传状志述，一人之史也，家乘谱牒，一家之史也，郡府县志，一国之史也，综纪一朝，天下之史也。比人而后有家，比家而后有国，比国而后有天下，惟分者极其详，然后合者能择善而无憾也。谱牒散而难稽，传志私而多论，朝廷修史，必将于方志取其裁。

　　浙东史学的精神首推经世致用和民族精神。梁启超说:"黄宗羲、万斯同一派,以史学为根据,而推之于当世之务。"周予同指出浙东史学派的两大特点是:"严种族之别"和"尊重历史"。他说:"黄宗羲、万斯同辈努力于宋明末叶掌故的搜集,都不过凭藉史实以引起后死者的奋发。"陈训慈在《清代浙东之史学》一文中把浙东史学的精神概括为:博约之精神,躬行之精

附录：黄宗羲年谱

明神宗万历三十八年（1610 年）

1 岁。农历八月八日戌时，诞生。

明神宗万历四十一年（1613 年）

4 岁。八月，曾祖母章氏去世；十一月，曾祖父黄大绶去世。

明神宗万历四十三年（1615 年）

6 岁。是年春，父黄尊素坐馆于甬上洞桥董家，黄宗羲随从就学。

明神宗万历四十四年（1616 年）

7 岁。三月，父黄尊素中钱士升榜三甲进士；七月，仲弟宗炎生。

明神宗万历四十五年（1617 年）

8 岁。父黄尊素授南直隶宁国府推官，随往任所。

明熹宗天启二年（1622 年）

13 岁。是年春，自宁国回余姚，赴绍兴府城应童子试；七月，季弟宗辕生。

明熹宗天启三年（1623 年）

14 岁。是年春，补仁和博士弟子员；秋，尊素授山东道监察御史，随父进京，研习制艺之余，潜购各类小说，博览群书，不琐守章句。

明熹宗天启五年（1625 年）

16 岁。十二月，娶同县才女、工部郎中叶宪祖之女叶宝林为妻；幺弟宗彝生。

明熹宗天启六年（1626 年）

17 岁。"东林后七君子之狱"；四月，送父抵府城，受父命从学刘宗周；闰六月，父尊素惨死于狱中。

明熹宗天启七年（1627 年）

18 岁。二月，岳父叶宪祖忤魏阉削籍。

明思宗崇祯元年（1628 年）

19 岁。锥刺阉党；识张溥于京师；秋，奉父灵柩返里。

明思宗崇祯二年（1629 年）

20 岁。始攻读史籍；曾祖父母、祖父母以父故而获授诰封中议大夫、太仆寺卿和淑夫人；业师刘宗周讲学蕺山，以石梁陶氏援儒入佛为忧，黄宗羲因邀吴越知名之士二十余人共侍讲席，力摧其说；六月，长子黄百药出生；请大学士钱士升为父作墓文；往云间造访陈继儒、张鼐；十一月，葬父于隐鹤桥。

明思宗崇祯三年（1630 年）

21 岁。往南京见叔父应天府经历黄等素，识南国子监照磨韩上桂，从习诗法。入南中会社、诗社，与周镳、何乔远、汪逸、林古度、黄居中、林云风、闵景贤、沈寿民、张溥、杨廷枢、陈子龙、吴伟业、万寿祺、蒋鸣玉、彭燕唱酬交契；入场屋应试，落榜，文震孟勉以"异日当以大著作问世，一时得失不足计也"。

明思宗崇祯四年（1631 年）

22 岁。发愤于学，每日丹铅一本；五月十八日，祖父黄曰中去世。

明思宗崇祯五年（1632 年）

23 岁。始与宁波陆符、万泰订交，每岁相互往访不断；父尊素门人朱天麟延请艾南英、罗万藻、陈际泰为南雷诗作序。

明思宗崇祯六年（1633 年）

24 岁。是年春，至杭入读书社，与江浩、张岐然读书武林南屏山下；秋，沈寿民、沈士柱邀同寓孤山；与刘同升、沈受民、沈士柱等文士入寺中，讲《论语》《周易》，闻者有"凿空新义，真石破天惊也"之叹；二弟宗会补博士弟子员。

明思宗崇祯七年（1634 年）

25 岁。与读书社诸子仍读书于杭州，讲习律吕，往姑苏、太仓拜访管钱和张溥、张采；随刘宗周往嘉善参加魏大中会葬，途中共阅《高忠宪遗集》，并议陈龙正呈绍兴知府书；识周云渊之孙周仲，欲抄《神道大编》，不果。

明思宗崇祯八年（1635 年）

26 岁。正月，祖母卢氏去世。

明思宗崇祯九年（1636 年）

27岁。经长洲，访文震孟；经虞山，访钱谦益，请其作父尊素墓志铭；应冯尔赓之邀，入太仓守道署阅卷，识裴元戎；旋赴杭州，携仲弟宗炎、叔弟宗会应解试，落第，时有"浙东三黄"之称；十二月，为乡人仇家所难，将父尊素改葬于化安山。

明思宗崇祯十年（1637年）

28岁。是年秋，携叔弟宗会往杭州。

明思宗崇祯十一年（1638年）

29岁。赴宛上，访沈寿民不遇，与沈寿国、梅朗中、麻三衡、徐律时、颜庭生等聚留，登朗中家藏书楼，得《陈旅集》，辞沈寿国赠子会银不受；往池州，访刘城；七月，至金陵，与复社诸生周镖、陈贞慧、吴应箕、顾杲为首，包括左国柱、左国棵、沈寿民、沈士柱、魏学谦等一百四十人，列名公布《留都防乱揭》，声讨欲谋起用的阉党余孽阮大铖；继而，又与诸死难者之孤，大会于桃叶渡，齐声唾斥阮大铖；刻父《忠端公诗集》，请杨廷枢作序；邀传影名手曾琼至家，画父遗像；郑铉子、冯俨公与沈长生来访；读宋遗民谢翱《西台恸哭记》《冬青引》，以其多忌讳隐语，为加注释。

明思宗崇祯十二年（1639年）

30岁。邀郡城一时知名之士王业洵、王毓蓍等十余人选编《东浙文统》；赴南京应解试落第，沿途访周延祚、周镖、金光辰；染疟疾；与宗会相约读尽天下书；参加张自烈于南京举之国门广业社，日与梅朗中、顾杲、陈贞慧、冒襄、侯方域、方以智相征逐。

明思宗崇祯十三年（1640年）

31岁。访陈函辉于临海、邓锡蕃于剡溪、尔密禅师于上虞；作《台宕纪游》；次子黄正谊生。

明思宗崇祯十四年（1641年）

32岁。往南中，寓居刑部黄居中家；抄录朝天宫所藏《道藏》有关山川部分，始有遍游天下名山之志；闻焦氏书欲出售，往购不果；都御史方震孺称其"文有师法，不落世谛，真古文种子也"；冬，自金陵归，葬岳父叶宪祖；过雁荡山阻雪。

明思宗崇祯十五年（1642年）

33岁。建忠端祠于城西西石山，祭文传播，自著《忠端祠神弦曲》；入京应试，又晤周镳，读书于万驸马北湖园中；上疏为父请谥，以京师戒严不果；考试落榜，大学士周延儒欲荐为中书舍人，力辞不就；约诸弟游四明山，作《四明山志》；

明思宗崇祯十六年（1643年）

34岁。抵杭州，与沈士柱、刘同升同寓西湖；秋，与仲弟宗炎、叔弟宗会往崇德，孙奭、吕留良来访；十月，三子黄百家生；施邦曜称其为"蕺山之高弟子也"。

明思宗崇祯十七年 清世祖顺治元年（1644年）

35岁。四月，闻知京师失守，随刘宗周至杭州，与章正宸、朱大典、熊汝霖商议招募义军；五月，获悉史可法、马士英、阮大铖等拥立福王朱由崧监国，往南中上书阙下，阮大铖造《蝗蝻录》报复东林、复社，与刘宗周、祁彪佳、章正辰等一百四十人被网罗。

清世祖顺治二年（1645年）

36岁。四月，以里中阉党余孽疏纠，与顾杲、陈贞慧被逮，周镳论死；逃亡嘉兴，会徐石麒；五月，返杭州，晤熊开元；六月，徒步二百里，探访病中之刘宗周，奉母避居中村；闰六月，与宗炎、宗会二弟，纠合黄竹浦子弟数百人组成"世忠营"，迎监国鲁王于蒿坝，驻军江上；十一月，与熊汝霖议杀马士英乃力所不能，非不当也；十二月，致书总兵王之仁献破敌之策，不获纳。

清世祖顺治三年（1646年）

37岁。二月，受鲁监国封为兵部职方司主事，力陈西渡之策；六月，鲁监国由海道逃往福建，黄宗羲率余部五百余人入四明山，被清廷累檄通缉；奉母徙居化安山丙舍。

清世祖顺治四年（1647年）

38岁。居化安山中，注《授时历》；著成《黄氏家录》《黄氏捃残集》。

清世祖顺治五年（1648年）

39岁。六月，刘应期到黄竹浦来访；十月，幺弟宗辕夭折，年仅7岁，作墓志铭；一年两迁居所，家中藏书为人窃去不少。

清世祖顺治六年（1649 年）

40 岁。鲁监国还至海上，赴行朝觐见，晋左佥都御史，再晋左副都御史；七月，与大学士沈宸荃、刘沂春，尚书吴钟峦、李向中，侍郎孙延龄，右佥都御史张煌言扈从监国抵健跳所，以定西侯张名振把持朝政，日与吴钟峦正襟讲学，暇则注授时、泰西、回回历，继而以清廷清理户口，为免家人受连累，辞官还乡；八月，奉母居县城；十月，为岳父叶宪祖迁坟送葬；与高斗枢定交；这一年所作诗名《穷岛集》。

清世祖顺治七年（1650 年）

41 岁。仲弟宗炎以反清被逮入死牢，与万泰、高斗魁等设法救出；三月，至常熟，寓钱谦益绛云楼，约为读书伴侣；至崇德，与孙爽、陆圻、吴子虎聚谈；营救被逮之熊汝霖夫人；冬，自西园移居柳下。

清世祖顺治八年（1651 年）

42 岁。御史王正中来访；五月，季子阿寿生；六月，遣间使入舟山报警。

清世祖顺治九年（1652 年）

43 岁。著《律吕新议》交王正中。

清世祖顺治十年（1653 年）

44 岁。五月，申浦南来访；九月,《留书》成。

清世祖顺治十一年（1654 年）

45 岁。再遭通缉；冬，送第三女至宁波，与诸生朱沆完婚；寓万氏寒松斋，与董守谕、高斗魁话旧论学；应行人冯恺章之请，为其父冯元飓作神道碑铭；自称此前为游侠。

清世祖顺治十二年（1655 年）

46 岁。正月，探访门士魏思澄故居；十二月，季子阿寿夭亡，亲作圹志。

清世祖顺治十三年（1656 年）

47 岁。二月，返化安山；三月，墓祭戴家山，与宗炎、宗会、宗彝并为山贼所缚，赖友人营救得脱，入城寓居岳父家；以慈水寨主沈尔绪祸发，再遭通缉，弟宗炎被捕，赖故人营救得脱。整理这一年所作之诗，并定名为《杏殇集》。

清世祖顺治十四年（1657 年）

48岁。是年春，高斗魁过访；登萝碧山碧霞元君祠；为次子正谊就婚上虞虞氏，游金垒、萝岩、凤鸣诸山，与遗民颜叙伯、陆苞甫、范袞结识交往；至杭州，访汪魏美，即寓孤山讲学。

清世祖顺治十五年 (1658年)

49岁。同宗炎到绍兴，过满昕轩吊倪元璐，登柳桥吊王毓蓍；到杭州，寓昭庆寺，邹文江来访；《弘光实录钞》成书；整理这两诗成集，命名《金垒集》。

清世祖顺治十六年 (1659年)

50岁。二月，至杭州，访汪魏美和仁庵禅师；移居化安山龙虎山堂，万斯同来问学；哭友人沈士柱之死。

清世祖顺治十七年 (1660年)

51岁。八月，出龙虎山，欲为匡庐之游，过萧山，访徐徽之不遇，于天章寺晤高斗魁，于孤山与吕留良交；九月，抵星子县，游匡庐，遇严羽仪、阎尔梅、雁川，致书方以智；十月，经南京，抵崇德，会高斗魁；十一月，返里，有《匡庐行脚诗》《匡庐游录》；十二月，孙女阿迎生，以为阿寿再生。

清世祖顺治十八年 (1661年)

52岁。正月，门士万斯备、万斯同、万言来访于龙虎草堂；春暮，到宁波，与高斗权、高斗魁兄弟赋诗话旧；四月，哭董天鉴丧，应董允瑶邀，为作墓铭；八月，王正中来访，授以天官壬遁之学；岁末，出龙虎山权寓故居；顾炎武抵武林，欲渡江造访而不果行。

清圣祖康熙元年 (1662年)

53岁。正月，万言来访；二月，龙虎山堂失火；五月，老柳故居又失火；九月，徙住陆家埠；著《明夷待访录》《留书》；集这一年诗为《露车集》。

清圣祖康熙二年 (1663年)

54岁。自陆家埠还迁故居；四月，至语溪，与吴之振共选《宋诗钞》，同吕留良、吴之振、吴自牧、高斗魁唱酬甚欢；五月，闻弟宗会病返里；八月，宗会去世，为作圹志。

清圣祖康熙三年 (1664年)

55岁。二月，同黄宗炎、高斗魁再往语溪，仍馆吕留良梅花阁；四月，会同吕留良、吴之振、高斗魁、黄宗炎到常熟，钱谦益托以后事，强为代作顾盐台求文三篇；邓大临留宿精舍，邀与道侣张雪崖、顾石宾款对；同顾麟生往访李逊之、熊开元，谒杨涟祠；访周茂兰兄弟，同宗炎、高斗魁上灵岩，与宏储、文秉、徐枋、周子洁、邹文江、王双白于天山堂，纵谈七昼夜；过杭州，遇申浦南，叹故人霜散将尽；六月，门士万斯选来访，自选诗稿名《南雷诗历》交誉清；这一年诗命名《吴艇集》；十月，往语溪；十二月，返里；《今水经》成书。

清圣祖康熙四年（1665 年）

56 岁。往语溪，同宗炎、万斯选、吴之振、吴自牧登龙山，巢鸣盛来访；八月，吕留良来访；十月，建续钞堂于南雷。

清圣祖康熙五年（1666 年）

57 岁。寓语溪，同陆嘉淑访陈确、朱朝英；委托姜希辙父子刻刘宗周遗书；为代购澹生堂藏书事，与吕留良生隙；遍览语溪高氏藏书；过宁波，购原祁氏旷园藏书十捆；孙女阿迎早夭，亲作墓砖文。

清圣祖康熙六年（1667 年）

54 岁。是年春，万斯大、万斯同、陈锡嘏、陈赤衷、董允瑶、董道权、仇兆鳌等二十余人前来受业；二月，到绍兴，邂逅王正中，凄怆话旧；五月，郑梁前来问学，自焚旧稿，名此后之稿为《见黄稿》；命黄百家从学甬东，弃武学文；九月，与同门友姜希辙、张应鳌复开证人书院讲会；沈天甫、吕中、夏麟奇等造作"逆诗"二卷，诈称宗羲等一百七十八人撰、陈济生编，向有关当事人索诈，事泄遭处决，被诬者悉不问。

清圣祖康熙七年（1668 年）

59 岁。始选编《明文案》；与同门会讲证人书院，光大师门，有刘门董薛之谓；三月，主鄞县讲席，大会诸人于广济桥、延庆寺，仍称证人；强调学问必以六经为根底，门人因立讲经会；四月，郑梁来问学。

清圣祖康熙八年（1669 年）

60 岁。是年春，寓证人书院，游云门诸胜；同宗炎和从弟宗裔往语溪；辞门士征文贺寿；么弟宗彝去世。

清圣祖康熙九年（1670 年）

61岁。闰二月，同邛在及二弟宗炎、三弟宗裔宿石井赋诗纪事；秋，寓证人书院，周允华率子弟求为其祖父周云川作传；往杭州，游城中名胜；十一月，为高斗魁丧祭题主，与李文允、高斗权、高泰初等入乌石山；与李杲堂、高辰四等入天童寺、阿育王寺，观舍利；冬，选平日自娱之文为《庚戌集》。

清圣祖康熙十年（1671年）

62岁。寓绍兴古小学，鲁庶常来访；辞知府张某邀修府志之请。

清圣祖康熙十一年（1672年）

63岁。郑溱、郑梁父子来续钞堂拜访；编选《姚江逸诗》；作亡友施邦曜传并议立其侄过继之事。

清圣祖康熙十二年（1673年）

64岁。适宁波，由范光燮引导，上天一阁读书，将流通未广的钞为书目；徐乾学差门生来誊录而去；孙奇逢、李清、巢鸣盛寄文来贺黄母寿，赋诗谢答。

清圣祖康熙十三年（1674年）

65岁。避群盗，迁寓泗门诸来聘书室；得嘉仁、尚质诗涛稿和宗周文集，皆为之校正作序；作《四明山九题考》并系诗。

清圣祖康熙十四年（1675年）

66岁。闰五月，还迁故居；七月，《明文案》选成，计二百八十七卷；秋，孙千顷过访，同游永乐寺；谒杨慈湖墓。

清圣祖康熙十五年（1676年）

67岁。二月，往海昌，知县许三礼戒令县中士大夫胥会于北寺，徐秉义、徐健庵遣门人彭骏孙来会；顾炎武呈所著《日知录》请予评点；六月67岁，夫人叶氏去世，嘱郑梁为作墓志铭；九月，复往海昌，与朱嘉征、仇沧柱、陈子綮、陈子文、查夏重、范文园、邵蓼三、陈彝仲等论文；至胡考辕家观藏书；集父尊素墓碑铭为《正气录》，付梓；《明儒学案》著成，计六十二卷。

清圣祖康熙十六年（1677年）

68岁。仍主海昌讲席，每以《四书》《五经》为讲义，提出"各人自用得着的方是学问"的主张；闻陆符去世，令弟子万斯大奔其丧事，并为作墓志铭；应钱鲁恭、李文允之请分别为钱肃乐、余增远、周齐曾、张煌言作传或墓志铭；冬，嘱郑梁作《忠端公集序》。

清圣祖康熙十七年（1678 年）

69 岁。至海昌，许三礼从受黄道周《三易洞玑》及授时、西洋、回回三历；登龙山，拜徐石麟墓。

清圣祖康熙十八年（1679 年）

70 岁。清廷开博学鸿词科，征举名儒，掌院学士叶方蔼以名奏上，门人陈锡嘏代为力辞乃止，有"是将使先生为叠山九灵之杀身也"之语；范廷辅重订天一阁书目，遣门士王锡庸来求藏书记；往海昌，三子百家随侍；秋，抵杭州，同陈赤衷至两朝忠烈祠拜父神位，寻张煌言墓；监修《明史》总裁徐元文、叶方蔼聘入史馆，与顾炎武俱不就，门士万斯同、万言应征同修，以《大事记》《三史》钞授，并作诗送行。

清圣祖康熙十九年（1680 年）

71 岁。正月，母亲姚氏去世；徐元文仍欲召其入史馆，与李清特举遗献，奉旨着该督抚以礼敦请，李之访、李本晟代以老病疏辞，又奉特旨，凡有所论著及所见闻有资明史者，着该地方官钞录来京，宣付史馆，布政使李士桢召百家入署校勘若干册，使胥吏数十人誊写进呈；上母亲事略于明史馆，俾入列女传；徐秉义来访；秋，天童寺僧山晓过访不遇；过宁波，晤轮庵禅师；过桐溪，汪周青、晋贤、季青出诗稿求序；自订《南雷文案》，授门人万斯大校、郑梁序。

清圣祖康熙二十年（1681 年）

72 岁。徐功燮为其祖徐石麟求神道碑文；作章正宸、熊汝霖行状交付史馆；八月，命子百家应乡试，致书浙江主考汤斌求序《蕺山学案》；九月，与刘仁规访郑梁，为其父郑溱作寿：万斯选来访；以痘疫流行，请傅商霖为孙辈种牛痘。

清圣祖康熙二十一年（1682 年）

73 岁。至绍兴，百岁老人陈箴赠所用拄杖；秋，与门士陆轸侯、蒋万为、洪晖吉赋涛；应邀作魏学谦墓志铭、张履端家传等；十月，《南雷续文案》付梓。

清圣祖康熙二十二年（1683 年）

74 岁。正月，陈汝咸随万斯大来问学；三月，患头晕病；四月，周子佩来访，寄金陵怀旧诗与次子正谊，邀作山翁禅师文集序；五月，往绍兴，同门人施敬观徐文长题壁；会轮庵禅师；时有传唱阮大铖词攻东林者，作涛讽刺；七月，往杭州，与王九公、毛会侯、许霜岩、王廷献会聚，赋涛志感，并预修县志；往吊门人万斯大；至昆山，于徐石麒家观传是楼书，应朱之铨邀作朱天麟墓志铭。

清圣祖康熙二十三年（1684 年）

75 岁。到杭州，游南山；童、王两校书来求诗。

清圣祖康熙二十四年（1685 年）

76 岁。往姑苏，访周顺昌之子周茂兰和友人汤斌；往昆山，志邓大临传；八月，返里，万斯选过访；冬，往宁波，探望门人陈锡嘏病。

清圣祖康熙二十五年（1686 年）

77 岁。是年春，督学王颛庵饬令地方祠祀黄尊素，入乡贤祠；三月，作《姚江春社赋》等；顾果过访；六月，仲弟宗炎去世；八月，有《听唱牡丹亭》诗；迁居周家埠。

清圣祖康熙二十六年（1687 年）

78 岁。校勘《刘宗周文集》；门士田守典来访；作《二律》吊门人陈锡嘏、陈赤衷亡故；路传其已故，作诗戏答友人；为孙黄蜀科考事，请徐乾学致函主考王颛庵。

清圣祖康熙二十七年（1688 年）

79 岁。孙婿万承勋来访；五月，应徐果亭邀至昆山，与友人论道学；六月，请画师黄子期绘潮神图及刘宗周与母亲像；九月，寓绍兴，拜六贤书院；十月，自订《南雷文案》《吾悔集》《撰杖集》《蜀山集》，筛选而成《南雷文定》；冬，自筑生圹于父陇畔。

清圣祖康熙二十八年（1689 年）

80 岁。正月，会讲于姚江书院；却绍兴知府李铎乡饮大宾之请，以遂"朝不坐，宴不与"之愿；与大学士徐文元诗文唱酬；三月，送万斯同北上；参加千岁会之聚。

清圣祖康熙二十九年（1690 年）

81 岁。康熙与徐乾学论海内博学洽闻，文章尔雅可备顾问者，徐对所知唯其一人，康熙以不得其用叹人才难求；督学周清源、族侄周炳来访；三月，到杭州、苏州，拜父亲神位、吊刘龙洲墓，同周子洁、文点、袁琏、蔡九霞、张茂深游虎丘；七月，父尊素祠被水冲塌，作《姚沈记》；十月，往杭州，谒先觉寺讲学诸贤。

清圣祖康熙三十年 (1691 年)

82 岁。得故人吴钟峦之子裔之手书；二月，应徽州知府靳治荆邀，往游黄山，并为汪栗亭《黄山续志》作序；四月，重建父祠于新城南门。

清圣祖康熙三十一年 (1692 年)

83 岁。海盐知县李梅墅邀往主讲不果；秋七月，病重，几废文字和各种社交活动；《今水经》《破邪论》著成；此后所作文编为《病榻集》。

清圣祖康熙三十二年 (1693 年)

84 岁。寄万言五古五百宁；辨《余姚县志·人物门》非出己意；《明文海》四百八十二卷选成，并择其尤者成《明史授》六十二卷，予百家习读；冬，次子正谊去世。

清圣祖康熙三十三年 (1694 年)

85 岁。正月，万斯选来访；八月，闻万斯选去世，不俟请而为作墓志铭；同月，长子百药去世，有《留穷草》传世；哀徐乾学之死。

清圣祖康熙三十四年 (1695 年)

86 岁。农历七月三日，卯时，与世长辞。临终遗嘱：敛以时服，一被一褥，安放石床，不用棺椁，不作佛事，不做七七，凡鼓吹、巫觋、铭旌、纸幡、纸钱，一概不用，有《梨洲末命》遗世。